édito

à la limite

Humains, rien qu'humains

« *Je t'assure, c'est à droite ! – Non, à gauche ! – Que dit le GPS ?* » Les dispositifs technologiques ne se contentent pas de pallier nos failles : ils nous promettent l'infaillibilité. Ils augmentent sans doute notre pouvoir sur le monde, mais limitent notre puissance d'agir par nous-mêmes. Ils démultiplient nos potentialités mais étouffent, en les remplaçant, nos capacités propres. Tout ce que l'on gagne en temps, on le perd en autonomie. À trop nous laisser prendre aux mirages technologiques, nous devenons leurs dupes, moins *outillés* qu'*assistés*, moins *partie prenante* que *dépendants*, incapables de vivre sans, et condamnés à nous adapter, à prix d'or, à chaque innovation.

Parce qu'il était critique du « monde fantôme », un monde jalonné d'écrans relayant aussi bien l'explosion d'une bombe atomique qu'une course de bobsleigh, le philosophe Günther Anders fut mis à l'écart des colloques universitaires. Un jour, il se mit en tête d'expliquer à ses collègues que la technologie contemporaine, à la différence des techniques traditionnelles, s'imposait « *unilatéralement* » à son utilisateur, le rendant peu à peu « *obsolète* ». Que c'était la technologie qui devenait libre et nous qui l'étions moins. Blasphème ! On le traita de « réactionnaire ». Car voilà, vouloir freiner la machine, c'est aussi vouloir en finir avec une certaine idée du progrès.

C'était au temps d'Hiroshima. Depuis, on a pu justifier l'existence de n'importe quelle invention, aussi néfaste soit-elle, en persuadant l'opinion que la méfiance à l'égard du « progrès technologique » était de l'ordre du sabotage. Le « monde fantôme » – celui où Bora Bora vous est plus familier que votre voisine ou que le bosquet d'à côté – semble faire l'unanimité. Prenez la campagne électorale : qui pointe l'artificialisation de nos modes de vies comme l'une des menaces auxquelles nous faisons face ? Un candidat soi-disant conservateur s'extasie devant les gadgets du salon technologique de Las Vegas, tandis qu'un autre, qui se dit antiproductiviste, s'expose en hologramme... La technique et le marché sont les deux idoles du temps. Le veau d'or 3.0 a des couilles en silicone.

« *Ce n'est pas la technique qui nous asservit, mais le sacré transféré à la technique* », disait Ellul. Les technocritiques ne [illegible] bolisent pas la technologie, ils la désacralisent. Ils ne la [illegible] s (nous y recourons tous), ils cherchent à la maîtri[illegible] non pas à leurs caprices, mais à leurs beso[illegible] modes de vie qu'elle a refaçonnés à [illegible] Car la technique n'est pas neutr[illegible] per de la nature, c'est à sa propre [illegible], qu'elle nous aliène.

Ce que nous voulons dire aux bio[illegible]humanistes, à leurs investisseurs, et à tous ceux qui collab[illegible] au *grand remplacement* de l'humain par le cyborg, c'est que nous n'avons pas besoin d'eux. Nous nous passerons de leurs robots pour mener une vie bonne. Nous saurons être heureux, quoique imparfaits, hors de leur paradis factice. Tant que nous serons nombreux à préférer les vaisseaux sanguins aux circuits imprimés, la naissance au clonage et le ciel aux écrans, le *meilleur des mondes* restera un cauchemar sans lendemain. Et l'amour, l'espérance, la liberté continueront de battre dans nos cœurs de chair. ●

sommaire

magazine

politique

social

dossier

culture

OURS

CONSEIL DE RÉDACTION
Fabrice Hadjadj • Jacques de Guillebon • Luc Richard • Association ASCAGNE

DIRECTEUR DE PUBLICATION
Paul PICCARRETA

DIRECTEUR DE LA REDACTION
Paul PICCARRETA

DIRECTEUR ADJOINT
Gaultier BÈS

POLITIQUE
Eugénie BASTIÉ

CULTURE
Camille DALMAS

SOCIAL ET WEB
Grégoire DEHERR

ASSISTANTE DE DIRECTION
Salomé BLONDEAU

MEMBRES DE LA REDACTION
Ludovic ALIDOVITCH • Ludivine BÉNARD • Emmanuel CASAJUS • Paul COLRAT • Yrieix DENIS • Marianne DURANO • Max-Erwann GASTINEAU • Foucault GULLIANI • Joseph GYNT • Johannes HERRMANN • Mahaut HERRMANN • Laurent OTTAVI • Charles VAUGIRARD • Kévin VICTOIRE

ONT COLLABORÉ À CE NUMÉRO
Marc AUGÉ • Louis-Jean de BARMON • Salomé BLONDEAU • Eléonore dit « *La bonne fée* » • José BOVÉ • Simon CHARBONNEAU • Cyrille CHARPENTIER • Daniel CÉRÉZUELLE • Romain CUCUEL • Hubert DARBON • Olivier DARD • Jacques DEWITTE • Arnaud IMATZ • Grégoire FERRI • Mayeul JAMIN • Amaury GUILLEM • Christophe GUILLUY • Raphaëlle HUBIN • Bérénice LEVET • Alexa NOZAMA • Michel ONFRAY • PIÈCES ET MAIN D'ŒUVRE • Natacha POLONY • René POUJOL • Olivier REY • Aruna RODRIGUES • Geoffroy SAILLARD • Marie SÈVE • Félicité de la VILLEJÉGU • Robin TOUILLON

DIRECTION ARTISTIQUE
Nicolas PINET

CORRECTIONS
Aurore CAUDAL • VINCIANE JOLY

GRAPHISME
Camille PATUREAU • Nicolas PINET

ILLUSTRATEURS
Sarah-Louise BARBETT • Marie-Anne BEZON • Victor CARPENTIER • Grégoire CROZET • Guillaume DELOIZON • Charlotte GUITARD • Maylis MAURIN • Nicolas PINET • TESSON

Site internet : *revuelimite.fr*
Nous écrire : *redaction@revuelimite.fr*
Association Limite,
10 rue Charles Divry 75014 Paris
Abonnements : Première Partie, abonnements Limite,
60 rue de Rome 75008 Paris

www.premierepartie.com
Courriel : contact@premierepartie.com
ISBN : 978-2-36526-133-3
Achevé d'imprimé en Avril 2017
Dépôt légal : 2e trimestre 2017
Numéro CPPAP : 0219 D 93312
Imprimé en France par Imprimerie de Champagne

Vers l'Homme diminué

Par
Fabrice HADJADJ
Philosophe, directeur de l'*Institut Philantropos*.
Conseiller éditorial de *Limite*

1.

L'homme augmenté remonte à la plus haute Antiquité, sans doute même à la Préhistoire. Je ne parle pas des sentiments contrastés qui affectèrent le Néandertal en face du premier *Sapiens sapiens*. Éprouva-t-il quelque envie quand il le vit améliorer la lance de chasse tout en mangeant beaucoup plus de fruits et légumes dans des grottes décorées de vaches peintes ? S'agissait-il d'une augmentation par rapport à l'espèce néandertalienne ou du passage à une autre espèce ? Car ce n'est pas la même chose. Dans ce second cas, devant nos prouesses, le Néandertal aurait été sceptique. L'âne ne saurait envier le cheval. Ses oreilles courtes lui apparaissent comme un défaut, et sa gloire équestre, à galoper derrière le cerf, à porter roi et empereur, n'est à ses yeux que la perte d'une vie plus simple, et l'abandon d'un braiement où la gueule s'ouvre dans un rire plus large…

L'observation vient de saint Thomas d'Aquin : *« Tout individu désire naturellement la conservation de son être et cette conservation n'aurait pas lieu s'il se trouvait transformé en une autre nature. Ainsi l'âne ne désire pas devenir cheval, car, pour lui, passer à une autre nature, fût-elle supérieure à la sienne, équivaudrait à cesser d'être soi-même. »* Une augmentation qui serait un changement de nature n'est donc pas une augmentation. C'est d'abord une destruction. Pour qu'une augmentation soit véritable, il faut qu'elle s'opère organiquement, sans rupture, comme une floraison ou une abondance de fruits.

Je ne sais si nos cousins Néandertaliens étaient réellement d'une autre espèce que la nôtre. Il est assez difficile, de nos jours, d'en inviter un à boire une bière pour trancher la question. Des paléo-généticiens m'ont du reste récemment appris que j'avais du sang néandertalien – ce que ma femme avait toujours pressenti, non seulement à cause de certains traits de mon caractère, mais aussi en raison du léger bourrelet frontal que montre mon meilleur profil. Je sais néanmoins que je n'ai jamais fait envie au chat de mon voisin, ni aux milans qui planent au-dessus de ma maison. Ils ne m'ont jamais considéré comme un chat ou un milan augmentés, mais plutôt comme une bête curieuse, parfois utile, trop dépourvue d'ailes ou de queue cependant. Et il en va certainement de même pour les primates qui nous ont précédés. Aucun gorille n'a songé à faire une école d'ingénieur.

2.

« Plus » se dit *rav* en hébreu et *magis* en latin. Autrement dit, le *rabbin*, le *maître*, sont les véritables hommes augmentés. En quoi réside leur augmentation ? Dans une plus grande capacité de manipulation ? Socrate dit plutôt que le maître est celui qui sait qu'il ne sait rien, et se laisse volontiers déconcerter par le réel. Quant au rabbin, de toute évidence, il a face à sa mère moins de pouvoir que les autres hommes. Son efficience est du reste assez douteuse : il suffit de lui demander l'heure et il vous répond par un débat talmudique entre d'autres rabbins qui en citent d'autres encore. S'il a une supériorité, elle a pour essence de savoir embrouiller les plus petits problèmes jusqu'à ce qu'ils se révèlent comme des mystères (un rabbin est extrêmement dubitatif à l'endroit de tout ce qui peut ressembler à une « solution finale »).

La maîtrise n'est pas le contrôle. Le maître est plus grand que le disciple, mais il n'est pas *le* grand, principe de toute grandeur. Ce qui le rend capable d'élever les autres, c'est de s'être lui-même laissé élever par ce qui échappe à tout pouvoir humain. Le poète, dans son savoir-faire, est inspiré des Muses. Le philosophe, d'après Socrate, est à l'écoute de son « démon ». Et le rabbin fait tout pour ne pas être d'accord avec son frère rabbin, afin d'admettre qu'ils n'ont pas de contrôle sur la Torah et de manifester son origine transcendante.

Dante va dans ce sens. Chacun sait qu'il est le pionnier de la vraie transhumanité. Il invente le verbe *trasumanar* – transhumaner – dès le premier chant de son *Paradis*. Or de quoi s'agit-il ? D'être saisi par la beauté d'une demoiselle, Béatrice Portinari, morte à 24 ans, et de traverser ce scandale en s'ouvrant à une grâce plus renversante que la mort même.

3.

Le rabbin par excellence, et donc le modèle de l'homme augmenté, c'est le Christ, charpentier, prédicateur ambulant, assassiné à trente-trois ans dans d'atroces souffrances, et qui, lorsqu'il ressuscite, ne trouve rien de plus extraordinaire à faire que de marcher encore à pied, commenter les Écritures, partager des repas avec ses disciples. On objectera qu'il manquait d'ambition. Que sa vie écourtée était une vie diminuée. Que ses miracles n'avaient rien d'innovant : le paralytique guéri devenait Monsieur Tout-le-Monde, devant désormais travailler de ses mains et se trimballer lui-même, n'ayant même plus de légitimité à vivre en mendiant…

Les héros doivent-ils nécessairement mourir jeunes – et martyrs ? Faut-il se diminuer d'un côté pour être glorieusement augmenté de l'autre ? C'est une question. Au point qu'on peut regretter de ne pas être né aveugle. Ou de ne pas avoir perdu deux doigts dans un incendie de roulotte. Je pense à Stevie Wonder et Django Reinhardt. Même en travaillant, avec mes dix doigts souples et mes deux yeux perçants, je n'ai jamais réussi à atteindre le génie harmonique et vocal du premier ni le jeu sublime du second. Stevie eût été nanti d'une vision parfaite et d'une peau blanche dès sa naissance, qu'il n'aurait probablement pas été « Wonder », mais expert-comptable dans le Michigan, chez Whirlpool ou Domino's Pizza.

Tirésias nous en avertit : ce sont des vieillards frappés de cécité qui sont les grands clairvoyants ; leur nuit les pousse à regarder jusqu'aux sources du visible, alors que les lunettes de réalité augmentée nous piègent à sa superficie, et moins encore, puisqu'il s'agit de pouvoir afficher les cours de la Bourse sur un paysage de montagnes ou la face de notre beau-père.

4.

Dans l'ordre de ces diminutions qui conduisent à un surcroît inespéré, par-delà le jeûne, l'épreuve, les drames de toutes sortes, mais aussi en-deçà d'une génialité méritant les podiums, je ne peux m'empêcher de penser aux personnes trisomiques. Je ne les idéalise pas : elles sont en souffrance et durement privées de certains déploiements de la vie humaine. Mais elles ont aussi cette spontanéité qui les font se jeter dans les bras d'un clochard ou d'un archiduc qu'elles rencontrent pour la première fois. Et voilà qu'elles leur collent, sans considération pour leurs titres ou leur déchéance, un gros bisou chargé de morve et de bave, comme une onction de joie.

L'aspiration à être cyborg procède d'un dégoût de la vie telle qu'elle est donnée. C'est cette absence de joie de vivre, ce tædium vitæ, qui fait courir après l'étourdissement des derniers gadgets.

Car c'est chez elles que j'ai vu aussi la plus grande joie de vivre, là où nous autres, bisomiques, nous empêtrons dans mille frilosités et complications. Sur ce point, elles seront toujours supérieures au cyborg, si sophistiqué soit-il – et précisément parce qu'il recherche la sophistication. L'aspiration à être cyborg procède d'un dégoût de la vie telle qu'elle est donnée. C'est cette absence de joie de vivre, ce *tædium vitæ*, qui fait courir après l'étourdissement des derniers gadgets.

5.

Si le handicap peut être le lieu d'une augmentation inattendue, le transhumanisme contemporain est en vérité l'empire du handicap. Selon lui, tous les hommes doivent être des handicapés, assistés par des prothèses. C'est ce que prouve le Cybathlon, dont la première édition eut lieu à Zürich, en octobre 2016. Le nom de ce nouvel olympisme renvoie aux cyborgs, mais il est une extension du handisport. La vieille chaise roulante est remplacée par l'exosquelette motorisé. L'adresse se prouve par la prothèse de main bionique. Même les tétraplégiques ne sont plus exclus de la compétitivité libérale : par leurs efforts de concentration, ils font courir des avatars virtuels et connaissent enfin l'euphorie de piétiner leurs concurrents. Cependant, début 2017, Aldo Faisal, docteur en neurotechnologie à l'*Imperial College* de Londres, déclarait au magazine *Wired* que « la prochaine génération de prothèses contrôlées par le cerveau serait pour tous », et non seulement pour ces privilégiés que sont désormais les mutilés de toutes sortes.

De toute évidence, la prothèse pour tous suppose l'amputation de tous. Et tel est le secret de ce qu'on appelle communément « l'homme augmenté ». Il est le fantasme d'un homme préalablement diminué. L'innovation technologique s'appuie toujours sur une régression technique. La digitalisation, comme son nom ne l'indique pas, nous entraîne à ne plus rien savoir faire de nos doigts, sinon appuyer sur des écrans tactiles pour commander une marchandise. Le système technolibéral a détruit l'économie dans sa première réalité familiale, agricole et artisanale, et, nous faisant perdre tout savoir-faire, nous a rendu entièrement dépendant de l'argent (puisque ce qu'on ne sait plus faire soi-même, il faut l'acheter) et des réseaux mondiaux de distribution. L'humanité 2. 0 est en vérité une sous-humanité, si bien intégrée dans ce système qu'elle en oublie son aliénation.

6.

« Je voudrais une augmentation ! » L'expression renvoyait naguère au salaire. Quand on était « augmenté », sans autre précision, c'était qu'on avait obtenu du patron une somme mensuelle d'argent un peu plus élevée. Ce phénomène renvoie à un monde où le travail ne vaut pas d'abord par son œuvre, mais par la rémunération qu'il permet d'obtenir, afin d'être un bon consommateur.

Nous pourrions croire aujourd'hui que la notion d'« homme augmenté » revêt un tout autre sens, utopique, libérateur, lié au prétendu événement de la « singularité ». Il n'en est rien. Il s'agit même du stade ultime de la dépendance salariale et du consumérisme. Le pauvre petit transhumain, à qui on a interdit de travailler la terre, de jouer d'un instrument de musique, de chanter les louanges du Créateur dans l'église de son village, de s'émerveiller de la vie qui se donne à travers une femme et des enfants, est condamné à trimer sans cesse pour se payer le dernier implant à la mode. Alors que son bras était son bras, pour toujours, sa prothèse est d'abord le produit d'une multinationale, et il lui faut la remplacer sans cesse, au gré de l'innovation disruptive et de l'obsolescence. Contrairement à ce que l'on se représente, le remplacement n'est pas celui des humains par les posthumains : c'est le posthumain lui-même qui se constitue comme remplaçable en chacune de ses parties, modulable et jetable en fonction de l'offre d'entreprises dont il est l'*employé* au sens le plus radical. Car il ne leur demande pas qu'un meilleur salaire, mais son propre corps. Il doit perdre sa chair et son âme pour devenir la pseudo-incarnation du capitalisme numérique.

DÉCROISSANCE CONTRE DÉCADENCE AVEC MICHEL ONFRAY

Propos recueillis par Paul PICCARRETA
Illustration de Maylis MAURIN

Ni lui, ni nous, ne voulions lâcher le morceau. *Limite* voulait lui rendre visite près de Caen, où il vit depuis toujours. Pas possible pour Michel Onfray, trop pris, pas le temps, trop long. Alors, dépité, on a fait comme tout le monde. On lui a envoyé des questions par courriel. En mettant des blagues, en simulant des relances, bref, un vrai/faux entretien comme les médias savent les faire. Parce qu'avant d'être cet apologète d'un athéisme *old-fashion*, Michel Onfray a lu les technocritiques (ces philosophes critiques de la technologie) et en a fait son miel. Et à *Limite*, on aime le miel, certes, mais surtout les technocritiques.

Chez *Limite*, nous prônons la simplicité volontaire, cette attitude qui consiste à trier entre les besoins essentiels et les superflus. Par conséquent, le modèle économique de la revue repose lui-même sur la sobriété. Vous, quinze ans après avoir ouvert votre Université Populaire à Caen (gratuite), vous avez lancé votre propre « TV », libre et indépendante. Pensez-vous que toutes ces actions suffisent à faire vaciller le capitalisme sur sa base ?

Non bien sûr, le capitalisme ne vacille pas avec si peu de choses. D'autant que le capitalisme n'est pas pour moi une chose qui apparaît dans l'histoire des hommes et qui, de ce fait, serait susceptible de disparaitre un jour des écrans radars… Croire que le capitalisme est une séquence avec une naissance, et donc avec une fin possible, est une croyance, en l'occurrence une croyance marxiste. Le capitalisme existait avant Marx et il existera tant qu'il y aura deux hommes pour échanger deux valeurs qui seront constituées par leur rareté. Le capitalisme est le mode de production naturel des hommes puisqu'il est constitué sur la valeur, elle-même indexée sur la rareté et que, dans les cavernes préhistoriques, un coquillage joli et rare est plus précieux qu'un gravier répandu. Les parures de femmes ne sont alors pas faites avec des produits courants mais avec des objets rares : dents d'animaux obtenues par des combats dangereux ou coquillages choisis pour leur beauté. Le capitalisme est plastique : du capitalisme préhistorique au capitalisme contemporain virtuel en passant par le capitalisme écologiste, son histoire est celle de ses métamorphoses.

D'ailleurs, nous faisons peu d'entretiens par courriels (pratique désormais courante chez les journalistes). Nous préférons augmenter notre emprunte carbone en allant rencontrer les personnes pour

de vrai. Bref, pour nous la décroissance, c'est d'abord accroître la qualité des rapports humains. C'est terriblement inefficace et un peu naïf, non ?

Non. Mais quand on est sollicité dix fois par jour pour donner à des gens qui prennent et qui croient être les seuls à demander, il faut s'organiser pour ne pas n'être plus qu'une chose entre les mains d'autrui, un genre de citron qu'on prend dans la coupe de fruits du voisin et qu'on presse pour en boire le jus afin d'étancher sa soif… L'expérience m'a appris que rencontrer les gens, c'est probablement humainement mieux que d'échanger par courriel, mais que cette formule a aussi ses limites : dans la rencontre, il y a l'entretien, puis sa transcription, puis sa correction, ce qui veut dire sa réécriture, car l'oral retranscrit n'est pas de l'écrit. Finalement, tout cela prend plus de temps que l'écriture directe qui, elle, a l'avantage d'être plus précise, plus dense – moins journalistique.

Je passe du coq à l'âne (et par courriel, Dieu sait que c'est moins évident), mais n'avez-vous jamais envisagé les rapports ambigus qu'entretiennent le terrorisme islamiste et le technocapitalisme ?

En effet, l'islamisme n'est pas un anticapitalisme. Il est même une formule nouvelle du capitalisme planétaire et déterritorialisé. Les monarchies pétrolières font chaque jour la démonstration que le Coran et le capitalisme sont tout à fait compatibles. Les banques coraniques également. Le Coran vante les mérites du travail, il ne s'oppose pas à la propriété, il n'interdit pas l'enrichissement personnel pourvu qu'il soit accompagné du zakat, l'aumône, l'un des cinq piliers de l'Islam. L'usure est interdite en revanche mais des montages financiers disons halal qui contribuent au partage des profits permettent d'outrepasser l'interdit… Moyennant quoi, capitalisme et islamisme font bon ménage. Que le terrorisme, qui est l'avant-garde militaire du califat, travaille dans le sens de l'universalisation du capitalisme est l'une des nombreuses ruses de la raison historique.

Nos auteurs fétiches ont tous pensé la décadence de l'Occident en même temps qu'une possible alternative au désastre. C'est d'ailleurs l'un de nos slogans : il y a plein d'alternatives. Chesterton a théorisé le distributisme, Simone Weil a soutenu la grève et préconisé l'enracinement, Jacques Ellul un écosocialisme technocritique, Ivan Illich la convivialité. Leurs points communs ? C'était des chrétiens radicaux. Alors, Michel Onfray s'est-il planté sur la puissance subversive du christianisme ?

Un peu de modestie les amis, sinon un zeste de connaissances historiques ou un doigt de simple bon sens et de souci des réalités… Car il ne me semble pas que vos auteurs aient triomphé dans l'Histoire ! Attendons un peu pour savoir si je me trompe, et vous pourrez peut-être le dire le temps venu, mais on peut d'ores et déjà dire que vos thèses depuis Chesterton, donc disons depuis le XIXe ou le début du siècle suivant, se trouvent puissamment invalidées par la réalité ! Je vois peu de distributisme, de grèves, d'enracinement, d'écosocialisme technocritique, de convivialité à l'horizon mais, bien au contraire, la paupérisation de masse, la dépolitisation syndicale généralisée, le triomphe du déracinement cosmopolite, l'usage mondain de l'écologie urbaine par les socialistes…
Vos héros sont fatigués !

« Il est plus facile aujourd'hui d'imaginer la fin du monde que celle du capitalisme ». C'est de Jean-Claude Michéa, notre père spirituel à tous, mais nous pourrions tout aussi bien vous l'attribuer. N'êtes-vous qu'un spectateur impassible du déclin de l'Occident ou croyez-vous, secrètement, que l'espérance est permise ? (On n'est pas sur France 2, vous pouvez vraiment vous confier).

Je suis un lecteur de Jean-Claude Michéa depuis la première heure et souscris à l'essentiel de ce qu'il dit. J'achète chacun de ses livres quand ils paraissent avec la régularité d'un métronome. Vous ne trouverez chez moi aucun mot, aucune ligne, aucune parole contre lui… Je me sens en fraternité avec sa sensibilité socialiste libertaire – c'est mon camp depuis que je me manifeste publiquement sur *France 2* ou ailleurs, chez vous par exemple…
Je vous renvoie à ma première réponse : je crois le capitalisme immortel parce que structurel et non conjoncturel comme le croyait Marx et comme le croient les tenants d'un socialisme néo-marxiste. Dès lors, « il est en effet plus facile d'imaginer la fin du monde que celle du capitalisme »… *« Spectateur impassible du déclin de l'Occident ? »* Oui, bien sûr. Comme vous… Car l'espérance dont vous me parlez (et dont au passage le service public de *France 2* assure la publicité en diffusant la messe dominicale avec l'argent du contribuable…) est une affaire de foi et que la foi permet tout, c'est d'ailleurs à ça qu'on la reconnaît. •

Vrooooom ! Quand l'actualité nous ordonne d'accélérer,* Limite *ralentit.
Conservation entre deux décroissantes décomplexées.

Eugénie BASTIÉ • Natacha POLONY

L'esprit de l'escargot

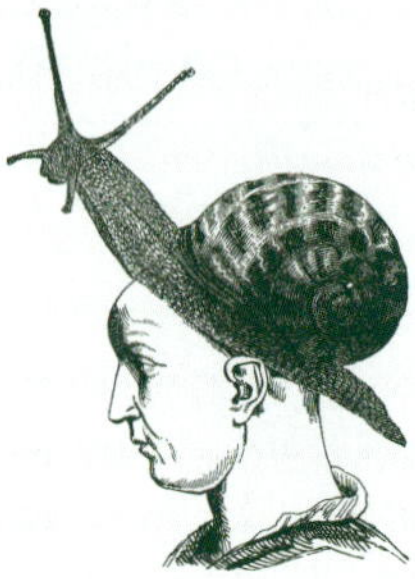

épisode 3

Post-vérité toi-même !

Eugénie Bastié : Après l'élection de Trump, le Brexit, la montée de l'euroscepticisme et des « populismes », les médias traditionnels de gauche se tournent de plus en plus vers le « fact-checking »[1] pour corriger les « fake news », et pourrait-on dire, corriger l'opinion des gens qui ne semble pas aller dans leur sens. Cette mutation du journalisme te parait-elle répondre aux attentes de la société ?

Natacha Polony : La vérification des faits et la quête de vérité me semblent la base du journalisme. Une fois qu'on a dit ça, on n'a pas dit grand-chose. Car on s'aperçoit rapidement qu'on n'est pas toujours confronté à des faits vérifiables immédiatement. Rien que le nombre de personnes à une manifestation, par exemple, est sujet à controverse. Prenons l'exemple de l'éducation : la question du niveau des élèves, censé être vérifié et mesuré par la direction de la prospective de l'éducation nationale a pu être sujette à caution.

Les journalistes n'ont pas à rendre compte uniquement d'une réalité statistique. Le métier de journaliste est aussi un métier d'accoucheur. C'est en discutant des heures avec une personne qu'on peut se rendre compte de la réalité de sa situation. L'humain n'est pas quantifiable en données simples. Croire que l'on va résoudre la crise du journalisme en se fondant uniquement sur le « fact-checking », c'est une aberration. C'est refuser de regarder en face les raisons pour lesquelles ce métier est en crise.

E. B. : Oui mais il faut admettre qu'il existe une profonde défiance envers les médias qu'il faut parvenir à résoudre.

N. P. : Cette défiance ne vient pas des « fake news ». Elle monte à partir du moment où, dans les années 1990, il devient évident qu'une grande majorité des médias ne décrit plus le réel avec honnêteté intellectuelle, mais prêche le bien, le bon et le juste. C'est *Le Monde*, pendant les années Plenel-Colombani-Minc : il ne s'agit plus pour le journal de référence de décrire des faits, mais de produire un prêche idéologique permanent, d'ostraciser, de tracer la limite du bien et du mal. Ces journalistes, à force de prêcher,

---

1 Vérification de l'exactitude des faits et des données présentées par les hommes politiques et les experts dans les médias et de la neutralité des médias eux-mêmes dans le traitement de l'information.

ont perdu le lien avec le citoyen et n'ont pas vu monter la colère de 2002, ni le NON au référendum de 2005. Ils sont devenus petit à petit des alliés objectifs de classe de l'élite urbaine du bon côté de la mondialisation. Le référendum de 2005 a été le grand moment révélateur de cette fracture. 95% des éditorialistes font alors campagne pour le OUI. C'est à ce moment que les gens commencent à se tourner vers des médias alternatifs, comme la figure d'Étienne Chouard sur le web par exemple.

E. B. : On a beaucoup parlé de « post-vérité » ces temps-ci pour qualifier l'attitude de certains hommes politiques qui ignorent délibérément la réalité et martèlent leurs mensonges et leurs appels à l'émotion sur les réseaux sociaux sans aucun souci de la vérité. Est-ce vraiment nouveau ?

N. P. : La rumeur a toujours existé. Elle se diffusait auparavant dans les lieux de socialisation (église, bistrot) aujourd'hui atomisés par la culture libérale. Il n'y a plus que sur les réseaux sociaux que peut exister l'échange, ce qui donne un effet exponentiel et incontrôlable à la rumeur. Nous avons affaire à des médias qui voient leur monde s'effondrer, et qui, du coup, se radicalisent. Le discours sur la « post-vérité » participe d'une volonté de se dédouaner d'un aveuglement passé. Que Donald Trump soit un phénomène ahurissant, nous l'avons tous remarqué. Mais dire que jusqu'à présent les politiques respectaient la vérité et n'étaient pas dans la démagogie, c'est se foutre du monde. Les journalistes, deux jours après l'élection de Trump, ont fait leur mea culpa, mais immédiatement, comme des alcooliques repentis, ont replongé tout de suite pour traiter les électeurs d'imbéciles soumis à un discours de post-vérité.

E. B. : On compare souvent notre situation aux années 1930, mais à l'époque c'étaient les députés qu'on voulait jeter à la Seine tandis que les journaux étaient populaires. Aujourd'hui, la figure du journaliste est quasiment plus détestée que celle du politique et du parlementaire...

N. P. : La concentration à l'œuvre dans les médias a détruit le pluralisme. Dans les années 1930, il y avait une pluralité médiatique. Aujourd'hui, quelques grands groupes tiennent les médias, qui vont dans le sens de l'européisme, de l'atlantisme, du libre-échangisme. L'effervescence et la liberté subsistent sur les réseaux sociaux.

E. B. : Tu dis que le pluralisme n'existe pas, mais tu es décroissante et souverainiste et tu as la parole tous les matins dans la radio de Lagardère. N'exagères-tu pas ?

N. P. : Il serait malvenu de me plaindre d'être muselée alors que je dispose en effet d'une liberté inappréciable. Je peux citer Frédéric Lordon sur Europe 1 ! Bien sûr que depuis les années 1990, la chape de plomb de la pensée unique a sauté. Mais il y a encore des pans entiers de la réflexion où le bruit médiatique parle d'un seul homme.

E. B. : Comme l'écrivait Frédéric Lordon dans son article sur le « journalisme post-politique » (*Le Monde diplomatique*, février 2017), derrière la prétendue objectivité de certains journalistes, qui dénoncent les idéologies et se voudraient au-dessus de l'arène polémique, se cache une véritable idéologie, celle du renoncement à la politique. Le propre du libéralisme est d'être une idéologie déguisée...

N. P. : L'idéologue, c'est toujours celui qui ne pense pas comme moi. Derrière cette prétendue neutralité axiologique se cache un refus de la politique, c'est-à-dire l'idée que face à une réalité complexe, il y a des conflits d'interprétation et de valeurs. En fait, ils considèrent de façon sous-jacente que la main invisible du marché peut régler les choses sans conflits, que le doux commerce permet l'émancipation individuelle. Et ils effacent ainsi l'essence de la politique qui est confrontation.

E. B. : Quel est le rôle du journalisme : être le miroir du monde ou le changer ?

N. P. : Dire ce qui se passe est une manière de changer la société. Le journalisme est une des composantes de la politique. Le rôle de la politique est de changer la vie. Il faut décrire le monde avec le plus d'honnêteté et le décrypter avec le plus de lucidité. Le journalisme dans un monde idéal devrait s'appuyer sur la philosophie, l'histoire des idées. Tu ne décriras pas un petit village qui est en train de crever de la même manière, suivant que tu aies lu *La fin du village* de Jean-Pierre Le Goff ou non. Le vrai journalisme ne peut exister qu'avec un minimum de culture.

E. B. : « L'ennemi de la vérité ce n'est pas le mensonge, ce sont les convictions » disait Nietzsche. Un journaliste trop convaincu n'a-t-il pas forcément des angles morts ?

N. P. : Avoir des valeurs et des convictions, ce n'est pas avoir des certitudes. Le journalisme est avant tout un travail intellectuel d'*aggiornamento* et de remise en cause de soi-même. Il ne s'agit pas d'asséner contre le monde entier ce qu'on croit. L'honnêteté intellectuelle nécessite d'être ébranlée.

Prendre parti sans être partisan. Regarder en permanence si le réel ne vient pas démentir ce que tu as pu dire la veille. Avoir le doute chevillé au cœur. Ne pas penser sous forme de bloc mais de façon dialectique. Tout cela fait partie des qualités des personnes faisant profession d'intelligence.

C'est le contraire du croyant. Or, nous avons aujourd'hui des journalistes qui sont des croyants. •

à suivre...

Ça, c'est Limite !

courrier des lecteurs, courrier du cœur

Continuez de nous écrire : redaction@revuelimite.fr ou par courrier à Limite, 10 rue Charles Divry 75014 Paris

ÇA RESSEMBLE À UN SLOGAN PUBLICITAIRE, MAIS C'EST VRAI : SANS VOUS, PAS DE REVUE *LIMITE*. RIEN, NADA, WALOU. C'EST PARCE QUE VOUS NOUS LISEZ QUE NOUS EXISTONS. MORCEAUX CHOISIS...

Chère Madame, cher Monsieur,
Je vous écris ces quelques lignes pour vous féliciter pour cette revue et surtout pour vous encourager à continuer à la faire paraître. Je n'avais encore jamais éprouvé ce sentiment étonnant d'être en accord avec quasiment toutes les prises de position d'un journal. Vraisemblablement, car il n'y en avait pas de comparable avant.
Je vous souhaite une excellente journée. Bien cordialement,

Gregory VON GUNTEN

Chère revue Limite,
Merci ! Merci ! Merci !
Un immense bonheur de vous lire tous ! Un vent de liberté, enfin !
Enfin des perspectives, enfin des alternatives, enfin des idées neuves et enracinées, enfin de l'irrévérence salvatrice !
Nos routes se croiseront je l'espère !

Hélène GAYOMALI

Bonjour,
Je viens de m'abonner à votre revue car je la trouve exactement là où la pensée doit être aujourd'hui. Dans aucune case, avec de la saveur, de la radicalité, de la profondeur, et qui ose parler de Dieu quand cela est important. Bref, continuez !
Cordialement.

Guillaume JEHANNIN
Agrégé en sciences économiques et sociales

Bonjour à la rédaction de *Limite*.
Je souhaitais vous informer que dans la région nantaise nous avons créé un groupe de réflexion sur l'écologie intégrale qui s'appuie en particulier sur la revue *Limite*. Nous sommes ainsi une dizaine de jeunes de 20 à 30 ans à nous réunir dans une ferme (chez un ami paysan boulanger) environ une fois par trimestre. [...] Tout cela pour vous dire que si vous souhaitez un jour faire une présentation de la revue, organiser une conférence ou un événement dans la région nantaise, nous serions très heureux de vous accueillir et nombreux à y participer ! En attendant, encore une fois merci, et continuez comme ça ! Sachez que des jeunes nantais sont derrière vous !
Cordialement,

Élie FRONT

Bonjour,
Je m'appelle Victor Garcia, j'ai 25 ans et je suis « enseignant littéraire multitâches » – « mercenaire de l'enseignement » est une dénomination qui conviendrait tout aussi bien.
Un ami m'a fait découvrir votre revue il y a environ deux mois. J'ai d'abord lu un certain nombre d'articles sur votre site puis, très vite, j'ai acheté le numéro 3 en librairie que j'ai intégralement dévoré en une demi-journée. Et pour cause, cela faisait quelque temps que j'avais faim, très faim d'affinités politiques, philosophiques et spirituelles (si jamais il est pertinent de dissocier ces trois champs). Je peux dire sans exagérer que je souscrits à 99% de ce que j'ai pu lire dans votre revue. Je dois aussi avouer que c'est bien la première fois qu'une telle chose m'arrive – d'ordinaire, je me sens parfois un peu seul à la croisées des chemins.
Je tiens donc à vous remercier du fond du cœur pour votre travail, pour ces belles convergences que vous suscitez et concrétisez à travers vos publications, pour votre lucidité, votre sobriété, votre rigueur dans l'analyse, pour vos espoirs et, de façon plus chrétienne, votre espérance.

Victor GARCIA

Bonjour,
Comment vous dire quelle satisfaction un « vieux » comme moi (né en 1950, 18 ans en 1968 !) a ressenti quand il a découvert Limite.
Enfin du neuf pour moi qui l'attendait depuis tant et tant d'années. Toute la pensée et la réflexion que vous mettez en avant avaient été occultées depuis 40 ans, ces années se délectant (se vautrant ?) dans le matérialisme hédoniste. Et puis vous arrivez, souffle nouveau autant attendu que nécessaire. [...] Vous avez compris qu'il n'y avait rien à sauver du monde des Trente Glorieuses.
Vous reprenez tout à zéro, c'est-à-dire à l'essentiel : l'être plus que l'avoir, le spirituel plus que le matériel etc. [...] Vous vous adressez aux jeunes (que vous êtes) et non pas aux vieux qui ont tout raté.
Donc bravo. Continuez ! Au moins vous savez redonner espoir et c'est l'essentiel. Bien cordial merci.

Philippe MONTILLET

Je vous écris pour vous dire que ce que vous faîtes avec *Limite* est absolument fabuleux !
Limite est une grande réussite, j'ai été tellement content de vous lire ! Tellement content de me rendre compte que des *Cathos* prenaient ces positions avec tant de fermeté, d'expertise et de profondeur ! Vous pouvez en être fiers ! Vous êtes

des génies, des saints, je ne sais pas comment dire... je voudrais vous embrasser ! Merci pour *Limite* !
Je présente dans 10 jours un petit topo sur la décroissance à mon petit groupe associatif (*CCFD-Terre Solidaire*). Vos articles m'ont été d'une très grande aide ! Mais surtout cet immense soulagement, en lisant *Limite*, de pouvoir me dire que je ne suis pas seul à penser tout ça... que ce n'est pas moi qui suis à côté du réel avec mes idées sur la décroissance, mais qu'il y a des gens censés et bien plus intelligents que moi qui soutiennent ces idées !
C'est si rare de trouver des personnes qui s'engagent à la fois sur leur foi, et sur la *décroissance* (oui je sais... vous dîtes « Écologie Intégrale »). Côté *catho* on me dit « tu nous les brises avec la *décroissance* », côté *écolo* il suffit que je dise que je suis *catho* pour être rangé avec les « rabat-joie-contre-le-sexe ».
D'habitude les engagements des cathos en matière d'écologie ne me paraissent pas crédibles, ou alors complètement « désincarnés ». Mais vous, vous me redonnez la motiv' !

Alexis, 25 ans
Ingénieur électronique, à Toulouse

Bonjour,
Je vous écris ce petit mot pour vous dire ma joie de découvrir votre revue. Je viens du milieu dit « alternatif » : classiquement zadistes, anars, gauchistes de tous poils. Ce qui ne m'a pas empêchée, il y a environ un an, de rencontrer le Christ ou du moins d'avoir le désir de placer ma main dans la sienne. Si le désir fervent est une rencontre, si la joie sereine et la conscience du travail à accomplir sont des rencontres avec lui, alors oui, je l'ai rencontré et je marche à ses côtés. [...] Le mot d'hubris, je pense qu'on ne peut le comprendre pleinement que si l'on accepte de laisser modeler son cœur selon le Cœur de l'Évangile. Sinon on a beau se battre (à raison) contre des aéroports inutiles, on prend toujours le risque de replonger dans certaines formes de cette hideuse tendance humaine, l'hubris.
Le Christ, et des revues comme la vôtre, me rendent sereine, mais d'une sérénité intranquille.
Merci !

Cendrine

transhumanisme et esprit d'enfance

FAIS TOURNER
la bouteille !

Avec 2, 3 millions de tonnes par an, le verre représente 49, 6% du poids total des déchets ménagers en France. Tant mieux, il se recycle à l'infini !

Par Marianne DURANO

Le verre coûte cher

Avec 2, 3 millions de tonnes par an, le verre représente 49, 6% du poids total des déchets ménagers en France. Tant mieux, il se recycle à l'infini ! Sûr qu'entre gaspiller du pétrole pour produire des bouteilles en plastique et utiliser du bon vieux sable siliceux, le choix semble vite fait. Pourtant, la fabrication du verre est un procédé très énergivore : produire une bouteille en verre d'1L rejette 345g de CO_2 dans l'atmosphère, contre 87g pour une Tetra Brik et 129g pour une bouteille en PET. Non seulement le transport du verre est beaucoup plus onéreux que celui du carton (25 fois plus de camions que pour le même nombre de briques), mais le verre a besoin, pour être recyclé, d'être fondu à plus de 1500°C : autant d'énergie dépensée, qui a peu de chance de provenir d'éolien…

Faut-il alors réclamer des bidons de pinard en plastique ? Non, et, comme souvent, c'est papy qui a la solution : recycler, c'est bien, ne rien jeter, c'est mieux. Il ne s'agit pas de transformer nos vieilles bouteilles en objets de toutes sortes (« Oh, une lampe de chevet sur un magnum, merci, beau-papa ! »), mais de les consigner. Alors que les industriels produisent en série, à grand renfort de pollution, ce que les collectivités locales s'échinent à recycler, à grand renfort de taxes sur les ordures ménagères, il serait plus malin de les réutiliser. C'est l'antique principe de la consigne. Le principe est encore une fois d'une simplicité confondante : l'acheteur rend au fabricant son emballage, moyennant ou non une petite récompense pécuniaire. Moins d'intermédiaires, moins de frais, moins de matériaux gaspillés : une vraie économie, dans tous les sens du terme.

La consigne est simple

De fait, jusque dans les années 60, la consigne était la norme et personne n'aurait eu l'idée saugrenue de casser volontairement un bocal qui pouvait parfaitement resservir. Jusqu'à ce que les industriels la leur suggèrent, à grand renfort de publicité et d'excuses hygiénistes. En 1963, un producteur d'huile vantait ainsi sa nouvelle bouteille jetable : « C'est plus sûr : non consignée, la bouteille ne sert que pour vous, elle ne sert qu'une fois ; vide, on la jette, elle ne revient pas. » Pourquoi un tel acharnement des commerciaux contre la consigne ? Parce que, tandis que la récupération des emballages consignés était à leur charge, leur recyclage est assumé par les collectivités locales, c'est-à-dire par nos impôts. Ce n'est qu'en 1994 que l'État impose aux entreprises d'adhérer et de financer des « éco-organismes » chargés du traitement de leurs déchets. En pratique, les industriels payent un petit écot annuel, qu'ils amortissent sur le dos du client, doublement ponctionné comme consommateur et comme contribuable. Pourquoi s'embêter alors à récupérer nos vieilles bouteilles ?

Les entreprises céderont si nous leur mettons la pression. Des épiceries en vrac aux bars à bière branchés, en passant par les coopératives de viticulteurs, les initiatives se multiplient, regroupées dans le Réseau Consigne, qui entend peser politiquement pour faire avancer la cause du zéro déchet. À nous de suivre la consigne ! La chasse au gaspi est ouverte. ●

Under Pressure

Implant vaut mieux que deux tu l'auras

Essure, c'est un implant contraceptif définitif commercialisé depuis 2001 par les laboratoires Bayer – toujours eux – et évidemment remboursé par la Sécurité Sociale. Irréversible, cette méthode de « stérilisation tubaire par voie hystéroscopique » – comprenez : on vous introduit des implants dans les trompes en passant par le vagin – n'a donc rien d'un contraceptif. Mais cela ne semble pas inquiéter la Sécu, qui refuse pourtant de qualifier les méthodes naturelles de « contraceptives », sous prétexte qu'elles ne seraient pas assez fiables. Inutile de dire que vous pouvez toujours courir pour qu'on vous rembourse votre thermomètre ou vos tests d'ovulation. N'empêche qu'on voit mal en quoi la stérilisation définitive, elle, est une nécessité médicale requérant la solidarité nationale.

On subirait en silence si ledit dispositif Essure n'était également accusé de provoquer douleurs, perforation de l'utérus, anémie, épuisement, dépression, problèmes cardiaques, rénaux, musculaires, hypertension et autres « effets indésirables » dont vous ne trouverez pas la liste sur le site du Planning Familial. Depuis 2012, le nombre de signalements auprès de l'ANSM augmente de manière exponentielle : 58 en 2013, 142 en 2014, 242 en 2015. En décembre 2016, deux femmes portent plainte contre les laboratoires Bayer : « J'ai cru mourir », témoigne l'une d'entre elles, Marielle Klein, au micro du Parisien. Qu'importe, Essure est toujours sur le marché, financé par nos impôts, pour le plus grand bonheur du leader mondial des OGM qu'est Bayer. Le tout sans qu'aucune étude indépendante n'ait jamais confirmé son innocuité. « Le rapport bénéfice/risque est positif », se justifie le laboratoire. Comprenez : tous les poisons sont préférables au risque d'une grossesse non-désirée. À moins que cela ne signifie : le rapport bénéfices de Bayer/risques pour les femmes est positif. On rirait d'un tel cynisme si cette logique ne triomphait à chaque scandale sanitaire concernant la santé reproductive des femmes. Rappelons, à titre de comparaison, que les essais de pilule masculine ont été abandonnés sous prétexte qu'ils provoquaient chez ces messieurs acné intempestive et baisse de libido. Il faut croire que dans la balance bénéfices/risques de Bayer, la virilité de monsieur pèse plus lourd que la santé de madame.

Essure, c'est son nom. Rassurant n'est-ce pas ? C'est pourtant la cible du dernier scandale sanitaire dont les victimes sont, encore et toujours, les femmes.

Par
Marianne DURANO
Agrégée de philosophie,
Membre de la rédaction
de *Limite*

Elle court, la maladie d'amour

Pourtant les femmes qui « bénéficient » du dispositif Essure ne sont pas malades. Mieux : elles ne sont menacées par aucune pathologie. Un enfant, si importun qu'il puisse être, n'est ni un cancer ni un virus. Le vocabulaire du risque et de la santé n'est qu'une mascarade visant à faire croire aux femmes qu'elles ont besoin de Bayer, quitte à mettre, pour le coup, leur vie en péril. En remboursant des dispositifs pathogènes, la Sécurité Sociale, c'est-à-dire l'État, nous fait croire que le risque est du côté de la nature, de l'enfant qui peut naître, alors que tous les témoignages et les dernières études montrent au contraire que le danger réside dans le remède. On dirait ces anciennes reines de beauté qui s'intoxiquaient au plomb pour rester éternellement jeunes et mourraient d'avoir voulu paraître plus vivantes. Sauf qu'ici, l'État rembourse le fard mortifère au nom de la santé des femmes. Ainsi implantées, mesdames pourront s'acquitter de leur devoir conjugal et proposer à monsieur une nouvelle position du Kamasutra ou un massage coquin. C'est du moins ce que suggère l'article du site Auféminin.fr consacré à Essure, qui se conclut par un diaporama présentant les derniers accessoires érotiques à la mode, dont la première page représente une jeune naïade en dentelles massant un bel éphèbe alangui. Il peut dormir sur ses deux oreilles, ce n'est pas son urètre qu'on colmate à coup de Nickel.

Critiquer un système insoutenable c'est bien ; trouver des leviers d'action pour le changer, c'est mieux.

SE PASSER DES BANQUES ?

Albert, qui luttait contre l'énergie nucléaire dans le dernier numéro, s'attaque aujourd'hui à la toute-puissance monétaire. Considérant l'argent comme un moyen et non comme une fin, il aimerait bien le remettre à sa place. Mais comment limiter notre dépendance au système financier, chez nous, au quotidien ? Il y a plein d'alternatives !

Finance éthique et solidaire

La première étape serait de savoir à quoi sert notre argent et de choisir où l'investir. Et c'est possible en France depuis 1988, grâce à la Société financière *La Nef*. En effet, soucieuse de promouvoir « une autre économie (…) au service de tous les acteurs de la transition écologique et sociale, *La Nef* offre ainsi aux épargnants la possibilité d'exercer leur responsabilité sur leur argent en leur permettant de l'orienter vers des solutions de financement adaptées à tout projet économique porteur de sens et d'intérêt général ». Associée pour le moment au Crédit Coopératif, elle tente de prendre son indépendance et devrait y arriver d'ici quelques mois.

Se créent également de plus en plus de monnaies dites locales ou complémentaires. Non reconnues officiellement, elles se limitent volontairement à des zones géographiques assez restreintes dans le but de soutenir le commerce et la production locale. Si chaque monnaie est susceptible d'adopter son propre fonctionnement, le principe est souvent le même : une association se monte, imprime une monnaie qu'elle échangera (à valeur égale) contre des euros à ses adhérents. Dans un même temps, elle cherchera des partenaires parmi les acteurs économiques ou associatifs de sa zone géographique, lesquels accepteront alors de recevoir leurs paiements en utilisant leur monnaie.

Penser troc

Des alternatives à l'utilisation de l'argent se mettent également en place. Une de celles-ci se fait appeler « Banque de temps » ou « Réseau d'Échanges Réciproques de Savoirs (RERS) ». Le principe est simple : les services ou savoirs y sont échangés en unités de temps, à valeur égale, et ce quels que soient les services ou savoirs échangés. Plus souvent utilisée par des particuliers entre eux, il arrive tout de même parfois que de petites entreprises adoptent cette alternative, à commencer par les AMAP (Association pour le Maintien de l'Agriculture Paysanne), qui proposent souvent une baisse de la cotisation à leurs adhérents contre quelques heures de service, soit à la vente soit au champ.

Parfois, il n'y a pas besoin d'innover pour trouver des solutions, il suffit de regarder ce qui a toujours existé dans les communautés humaines. Le troc, par exemple ! Ce qui se fait naturellement entre collègues de travail, en famille ou en paroisse, pourquoi ne pas l'appliquer à différentes échelles ? Des associations se créent un peu partout et se font appeler « Système d'Echange Local (SEL) » : systèmes de crédit mutuel, les membres d'une association échangent des biens ou des services.

Remettre la gratuité au goût du jour !

Un certain nombre d'initiatives, individuelles ou collectives, existent depuis longtemps et consistent à donner simplement ce dont l'on n'a plus besoin. Présents dans la plupart des évènements alternatifs, les « espaces de gratuité » essaiment aujourd'hui également sur Internet, notamment sur certains sites de petites annonces.

On voit également de plus en plus régulièrement chez les producteurs ou sur les marchés alternatifs des produits à prix libre. En fonction de vos moyens, vous donnerez au producteur le prix qui vous paraîtra juste. En cas de doute, n'hésitez pas à demander un ordre d'idée au vendeur et n'ayez pas peur : un autre donnera ce que vous ne pouvez pas vous permettre de dépenser ! Car l'expérience prouve souvent que le producteur gagne plus que s'il avait affiché un prix ! Qui a dit que les Français n'étaient pas généreux ? •

Par Mayeul JAMIN
Sur les routes de France à la rencontre des artisans de la sobriété heureuse.
Créateur du site *etsicetaitpossible.com*

pages dirigées par Eugénie BASTIÉ

Politique

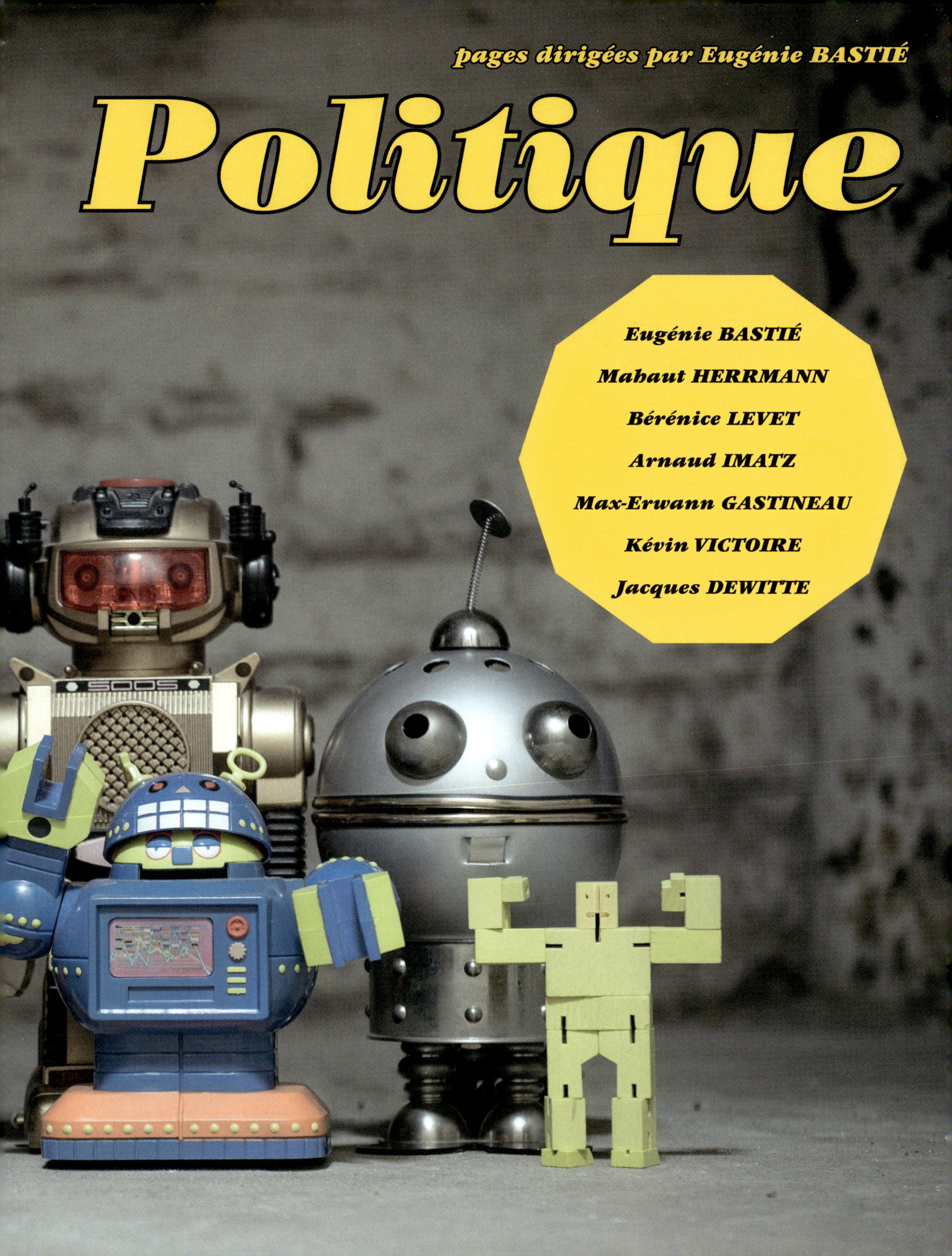

Eugénie BASTIÉ

Mahaut HERRMANN

Bérénice LEVET

Arnaud IMATZ

Max-Erwann GASTINEAU

Kévin VICTOIRE

Jacques DEWITTE

On connaît la chanson

« 2017 n'a aucune importance », écrivions-nous en septembre dans ces pages. Las, comme nous avions raison. À mesure que la fatidique date de la présidentielle se rapproche, voilà que nous regardons avec horreur et affliction ce choix qui nous est donné de faire. Le ballet minable des ambitions mesquines et l'insupportable mauvaise foi militante envahissent nos écrans et nos pensées. Aux terrasses de café et aux comptoirs des bistrots, on marmonne le déclin et ressasse ses déceptions, on dit qu'ils sont tous pourris et que tout est foutu. On en a marre, on sent que tout s'effondre. À part quelques militants enthousiastes, et membres de la secte du temple *enmarchiste*, qui pourra offrir son suffrage sans doutes et sans dégoût ? Le 23 avril et le 6 mai prochain, la plupart d'entre nous ne votera pas pour, mais contre. On se demande cependant s'il n'y avait pas plus de consentement au pouvoir chez les serfs dans la société féodale que chez le consommateur occidental se rendant tous les cinq ans éternuer dans l'isoloir son ressentiment. Ingrats ! Il paraîtrait qu'il faudrait en plus nous réjouir, car la démocratie est le meilleur des régimes et le geste de mettre la main dans l'urne pour élire un Créon le plus beau que puisse accomplir un individu autonome libéré du fardeau des siècles. Et quiconque remet en question ce devoir citoyen pour aller à la pêche est un nostalgique de l'esclavage ou un protofasciste. Soit.

Pourtant, c'est un déchirement intime, profondément désastreux pour la cohérence intérieure, que d'offrir son adhésion à un candidat ou un programme qui ne remplit pas entièrement nos critères et n'a pas exactement la vision de l'homme que nous proposons. Nous feuilletons pensifs les tracts à la sortie du métro. Nous écoutons les slogans. Nous faisons des tests sur les réseaux sociaux qui

Par
Eugénie BASTIÉ
Journaliste au *Figaro*.
Rédactrice en chef Politique de *Limite*

Nous voulons de la ferveur

nous donnent notre pourcentage de compatibilité avec le programme. L'adhésion au pouvoir pleine et entière n'a jamais véritablement existé, me direz-vous. Le compromis, c'est l'essence de la politique, et on ne bâtit pas des cités sur les scrupules d'Antigone. On connait la musique. Mais nous avons pourtant besoin de ferveur. « L'homme a besoin non de haine, mais de ferveur. On ne meurt pas contre, on meurt pour », dit Saint-Exupéry dans *Citadelle*. Puisqu'il est démodé de mourir pour des idées, nous voudrions au moins voter pour.

« Le politique peut être urgent, il n'est que subordonné »

Alors que faire, me direz-vous ? Le candidat de l'écologie intégrale n'est pas encore né. Mais nous ne désespérons pas de le faire naître. Dans ces pages, nous poursuivons l'ambition de bousculer les clivages établis, de dresser des ponts entre différents courants de pensée, et de faire découvrir des jalons qui nous semblent importants pour développer une pensée politique libérée de l'esprit partisan et des réflexes claniques. Dans ce numéro, Arnaud Imatz nous parle de la relativité des notions de droite et de gauche et de leur inadéquation à décrire le réel. « Il n'y a pas plus de droite éternelle que de gauche immuable. » explique-t-il. Nous parlons aussi des non-conformistes des années 30, cette poignée d'intellectuels qui se refusèrent à ces facilités sémantiques et prétendirent tracer une troisième voie entre marxisme et capitalisme, tout en « dissociant le spirituel du réactionnaire ». Comme Jean de Fabrègue qui écrit dans *Ordre Nouveau* : « Voici notre parti. Il n'est pas avec les hommes de droite qui pensent (sciemment ou non) à leurs portefeuilles, à leurs Conseils d'administration, à cent choses que le matérialisme corrompt essentiellement. Il n'est pas avec les hommes de gauche soucieux d'autre matérialisme à satisfaire : celui des électeurs (…) Nous ne sommes ni avec les cadres glacés de la droite ni avec la haine du christianisme qui siège à gauche. »

S'il est une leçon à retenir des non-conformistes en ces temps de présidentielle, c'est celui-là : la politique est secondaire par rapport au spirituel. À Emmanuel Macron, nous référons Emmanuel Mounier qui écrivait dans *Révolution personnaliste et communautaire :* « Le politique peut être urgent, il n'est que subordonné. Le dernier point que nous visons, ce n'est pas le bonheur, le confort et la prospérité de la cité, mais l'épanouissement spirituel de l'homme. Si nous poursuivons le bien politique de l'homme, ce n'est pas dans l'illusion qu'il va lui assurer une vie sans risque, sans souffrance et sans soif. Ce que nous combattons, ce n'est pas une cité inconfortable, c'est une cité mauvaise ». Et ce n'est pas un télévangéliste de la mondialisation qui nous offrira la mystique politique dont nous avons besoin.

Nous ne voulons ni programmes, ni projets, ni réformes, ni mesures, ni rapports, ni propositions. Quand la politique devient une technique, nous la rejetons aussi. Nous voulons de la ferveur. Tant pis si cela prend du temps, nous avons de la patience. La crise attendra, elle est là depuis si longtemps. « Il y a deux sortes d'efficacité : celle du typhon et celle de la sève », écrivait Camus. À *Limite*, nous croyons aux fécondations et aux fondations plutôt qu'aux révolutions. •

La « Mort Pour Tous »

dernière promesse de « gauche » ?

Être de gauche et opposé à l'euthanasie, c'est aujourd'hui être à coup sûr marginalisé. Les militants et sympathisants qui le sont tentent pourtant de donner de la voix et de bousculer les logiques d'une gauche qui a renoncé à tant de ses combats historiques.

La cause semble entendue. Les candidats à l'élection présidentielle Benoît Hamon et Jean-Luc Mélenchon soutiennent activement le droit à mourir « *dans la dignité* ». Yves Jadot, candidat Europe-Écologie-Les Verts, a inscrit dans son programme le renforcement du « droit de mourir dans la dignité et à choisir sa fin de vie ». Emmanuel Macron réserve sa position mais nombre de ses soutiens actifs sont pour la légalisation de l'euthanasie. À coup sûr, l'euthanasie jouera en 2017 le rôle du « mariage pour tous » en 2012 : celui d'un marqueur électoral. Peut-on encore être de gauche et y être opposé ? À EELV, rares sont les opposants à l'euthanasie à exprimer tout haut leur point de vue. De l'aveu même de cadres du parti, le sujet n'est pas au centre des débats. Il l'est en revanche au Parti Socialiste. De fait, « comme la PMA et la GPA, l'euthanasie est devenue une valeur culturelle au sein du PS. Elle soude dans les hautes sphères ceux qui ne s'entendent pas sur le plan économique et social », explique Philippe de Roux, co-fondateur des Poissons Roses. « Mais les militants de base ont des avis plus nuancés. » La nuance a tout de même de la peine à se frayer une place dans les débats internes. « Les sujets sociétaux ne sont jamais abordés en section », souligne Michel Simonnet, membre du PS depuis quarante ans et trésorier des Poissons Roses. « Les seuls points évoqués concernent les questions sociales. » Conséquence : « comme ces questions ne peuvent pas être débattues au niveau des sections, il y a un coup de force des responsables qui ne consultent jamais les adhérents sur ces sujets et qui pourtant les mettent dans leur programme ».

Cette obsession pour les questions sociétales interroge certains sympathisants de gauche.

Le consensus des principaux responsables socialistes s'explique aisément, selon Jean-Pierre Denis, directeur de la rédaction de *La Vie*. « Il y a une idée propre à la gauche qui est l'émancipation. C'est le grand moteur de la gauche libérale. Mais elle ne trouve plus tellement de grain à moudre. En ce sens, le slogan de l'ADMD, *Ne nous laissons pas voler notre ultime liberté*, est dérisoire et pathétique, et il dit bien ce qu'il veut dire. La mort est le dernier champ d'expression d'une gauche qui a renoncé à l'émancipation sociale. » L'opposition à l'euthanasie est d'autant plus difficile à porter depuis la désignation du candidat socialiste à la présidentielle. « Benoît Hamon parle dans son projet de « *futur désirable* », c'est-à-dire d'un futur construit autour de ses propres désirs », analyse Michel Simonnet. « Avec le revenu universel, il libère le citoyen-électeur de la contrainte économique et résout l'essentiel des problèmes sociaux. Sachant les problèmes économiques et sociaux, à part les enjeux écologiques, derrière nous, il ne resterait que les questions sociétales à résoudre. Elles constitueront donc le principal enjeu politique futur. Les questions sur la naissance ont déjà une réponse (contraception, PMA, contrôle génétique de plus en plus précis). La mort reste une question non résolue. »

Rançon de la dilution du lien social

Cette obsession pour les questions sociétales interroge certains sympathisants de gauche. Étienne ne sait plus s'il en fait encore partie. « Je partage globalement les valeurs sociales historiques de la gauche : la solidarité entre tous pour ce qui est de la santé, des aides sociales, la primauté du respect de l'intégrité et de la dignité du travailleur sur le profit, celle de la sécurité du travailleur, du consommateur, de la planète sur le fonctionnement des entreprises », explique l'étudiant en mathématiques. « Mais je ne me sens pas de gauche sur le plan sociétal. » L'euthanasie contribue donc à creuser le décalage. « Dans une période de crise économique, comme maintenant, la tentation pourrait être grande pour les familles à charge d'une personne âgée ou en fin de vie, ou pour la personne consciente d'être une charge, de formuler une demande d'euthanasie. Cela va à l'encontre du refus, qui devrait être celui de la gauche, de réduire quelqu'un à sa productivité ou à son coût pour la société. » Mais il ne fait pas de sa légalisation un critère décisif au moment de voter pour un candidat. « Les principales urgences sont l'écologie et les libertés publiques. » Néanmoins, si un gouvernement pour lequel il a voté dépose une proposition de loi pour légaliser l'euthanasie, il pense rejoindre des mouvements d'opposition et participer à des manifestations.

Au contraire, pour Camille, professeur d'histoire-géographie dans l'enseignement public, la présence du sujet dans un programme électoral est rédhibitoire. La jeune femme est souvent abstentionniste.

« Je désapprouve le scrutin uninominal majoritaire à deux tours. Je souhaiterais voter pour un programme et non pour des personnes cooptées par un parti. Même si sa position sur l'euthanasie doit éliminer le seul candidat que je pourrais trouver valable, ça ne me chagrine donc pas de ne pas voter ». Pourquoi l'euthanasie est-elle un critère repoussoir pour elle ? « L'institutionnalisation de l'euthanasie est révélatrice du fait que l'État a failli à sa mission de rendre la vie acceptable pour tous. Il faut que le lien social soit sérieusement dégradé pour que des gens viennent à penser que personne ne veut plus d'eux pour peu qu'ils soient malades. Or le rôle de l'État est de favoriser le lien social, pas d'accepter cet état de fait. » Sa foi chrétienne joue un grand rôle dans ces prises de position. « Si la vie est sacrée, conformément à ma foi chrétienne, j'estime qu'il est du devoir de l'État de la protéger. Son rôle est d'aider les gens à avoir une vie supportable, pas de leur dire "*si elle ne l'est plus, on va vous aider à vous tuer*". » Une position partagée par des professionnels de la santé. En 2011, cinq d'entre eux avaient signé une tribune dans *Marianne* une tribune intitulée « L'euthanasie n'est pas compatible avec les valeurs de la gauche ». Aucun des signataires joints par *Limite* n'a souhaité répondre à nos questions.

Pour une éthique enracinée

Leur argumentaire est toujours d'actualité. Vincent, médecin généraliste, ne peut ainsi plus accorder son vote à un candidat pro-euthanasie. « C'est une question essentielle car derrière l'euthanasie, il y a la porte ouverte à l'eugénisme », affirme-t-il. Bien plus, « l'euthanasie est le franchissement d'un interdit fondamental, celui de donner la mort volontairement. » Si l'approche morale est importante, plusieurs observateurs soulignent l'impératif de la dépasser pour penser politiquement le problème de l'euthanasie. « La demande euthanasique est d'autant plus forte qu'on meurt très mal en France. Tout le monde l'a déjà constaté autour de soi », relève Jean-Pierre Denis. Pour cette raison, « il est fondamental de ne pas être dans le déni. Sinon, on est déconnecté de l'expérience des personnes qui ont accompagné un proche ». Il faut donc avoir conscience que « les demandes d'euthanasie ne sont pas étonnantes ». Ce qui ne veut pas dire pour autant qu'elles doivent être satisfaites. « Une fois qu'on a reconnu cela, il faut expliquer pourquoi ces demandes sont mauvaises et dangereuses, pour la personne et pour la société. » Mais Jean-Pierre Denis insiste : « *tant qu'on n'aura pas permis aux Français de mourir aussi bien que possible, la demande euthanasique sera un cri de révolte qui subsistera* ».

« *Derrière l'euthanasie, il y a la porte ouverte à l'eugénisme* »

Philippe de Roux abonde. « *Aux Poissons Roses, nous ne voulons surtout pas être dans une posture morale, nous voulons travailler à la justice sociale.* » Si elle n'était pas aussi centrée sur les questions sociétales, la gauche pourrait compter sur les catholiques pour y œuvrer. « *C'est un point qu'on aborde rarement : au fond, les jeunes catholiques d'aujourd'hui sont très sociaux, beaucoup plus que ce qu'on imagine* », estime Jean-Pierre Denis. « *Ils ont par exemple lancé l'idée de colocation avec les SDF, ils sont plus écologistes que les anciennes générations. Mais ils ont deux points de divergence avec la gauche qui les poussent vers la droite : l'identité et les racines, l'importance du christianisme dans notre culture, mais aussi l'importance des questions bioéthiques. Si la gauche s'opposait à l'euthanasie, il y aurait un rééquilibrage politique important dans le monde catholique.* » ●

Par Mahaut HERRMANN
Journaliste, collabore à l'hebdomadaire *La Vie*. Membre de la rédaction de *Limite*.

Illustration de TESSON

Le patriotisme est-il un péché ?

En défense des catholiques dits « identitaires »

Par Bérénice LEVET

Bérénice Levet est philosophe, spécialiste d'Hannah Arendt et de Simone Weil. Elle publie *Le Crépuscule des idoles progressistes* (Stock), un réquisitoire sans pitié envers les totems de l'illimité. Pour *Limite*, elle revient sur la querelle qui a agité le milieu catholique français entre « identitaires » et partisans de l'ouverture.

Les catholiques français se divisent sur la question migratoire mais plus largement sur la place de l'islam et des musulmans en France. Faut-il prôner l'ouverture, l'accueil des migrants, le multiculturalisme au nom de la charité ? Ou bien faut-il au contraire assumer un contrôle strict des frontières, protéger le modèle assimilationniste de la République française et défendre l'héritage de la « fille ainée de l'Église ? » Conscients des défis et de l'épreuve que l'arrivée massive d'étrangers posent à une nation, à toute nation, les catholiques dits identitaires ne souscrivent pas à un devoir absolu d'hospitalité. Les catholiques dits d'ouverture leur reprochent une trahison de l'esprit et de la lettre des Évangiles.

ÉTHIQUE DE CONVICTION CONTRE ÉTHIQUE DE RESPONSABILITÉ

Cette division travaille et traverse la société française tout entière, mais ici ce n'est plus le monopole du cœur et de la conscience morale que s'arrogent les seconds, mais celui de la foi, de la fidélité au message évangélique. D'après eux, le « bon » catholique se doit de n'agir qu'en référence au message d'amour, d'ouverture, de charité universelle des Évangiles. Ainsi trahirait-il sa foi dès lors que, au nom du « salut de sa patrie », il fixe des limites au devoir d'hospitalité. Le « bon » catholique serait ainsi un catholique qui ne connaîtrait d'autre principe d'action que l'éthique de conviction au sens de Max Weber : « le partisan de l'éthique de conviction, écrit le sociologue, ne se sent responsable que de la nécessité de veiller sur la flamme de la pure doctrine afin qu'elle ne s'éteigne pas », dans une indifférence parfaite quant aux conséquences de ses actes. « Le chrétien fait son devoir et en ce qui concerne le résultat de l'action, il s'en remet à Dieu ».

Le Prince, et cela vaut pour tout citoyen, doit apprendre à n'être pas bon, dit Machiavel. Non qu'il doive être mauvais, mais il ne peut agir selon l'absolu du bien. L'absolu n'est pas de ce monde. À l'instar de toutes les belles âmes, les catholiques qu'on qualifie « d'ouverture », ignorent superbement la question de la pertinence politique d'affects tels que l'amour, la compassion, la pitié. N'est-ce pas forcer le sens de la parabole du Bon Samaritain que d'en étendre la portée à la pluralité humaine ?

La controverse au sein des catholiques français engage un conflit des interprétations, interprétation de l'articulation du particulier et de l'universel, du temporel et du spirituel, de la politique et de la religion. Peut-on, sans la flétrir et la pervertir, réduire la foi catholique à un message sirupeux d'amour et d'ouverture ? Cette approche fait du catholique un être abstrait, détaché de cet ancrage dans le monde qu'est l'appartenance nationale alors que le christianisme – et c'est sa nouveauté et sa singularité – est une religion de l'Incarnation. « L'incarnation change tout », dit magnifiquement Merleau-Ponty : le temporel et le spirituel se mêlent, l'universel procède du particulier. La condition humaine est « située » : l'homme n'est pas de partout et de nulle part. Le christianisme est une théologie de l'inquiétude, du non-repos. Le christianisme, disait Pascal, « a bien connu l'homme », il en sait en effet la finitude. Il n'est pas cette homélie où toute tension, toute déchirure dans l'être s'efface.

Enfin, il n'est nulle part entendu que le catholique doive se détourner des affaires communes, se désintéresser de sa nation, de sa persistance dans l'être, de son avenir. Chateaubriand, Péguy, Bernanos, Simone Weil, François Mauriac n'ont pas pris prétexte de leur foi pour se soustraire à la responsabilité politique, au contraire.

« UNE SOCIÉTÉ DE MARQUE CHRÉTIENNE »

(Pierre Manent)

La mise en avant de ce catholicisme d'ouverture, de tolérance et d'amour est en outre tout à fait symptomatique de notre présent et de notre impuissance à penser en termes politiques. La question migratoire est d'abord une question politique. Les populations qui abordent à nos rives ne sont pas composées de voyageurs sans bagage.

Ces derniers arrivent chargés de mœurs, de coutumes, de significations étrangères, voire contraires aux nôtres. Leur accueil est donc un défi pour la nation, pour son intégrité, sa continuité historique. Il est irresponsable de le nier, sauf pour ceux qui entendent parachever l'entrée des nations dans l'âge post-national.

La question qui se pose à nous n'a pas pour seul enjeu la coexistence avec les musulmans, le « vivre-ensemble » – même si l'invasion de ce terme dans le vocabulaire politique atteste que nous avons déjà renoncé à la noble ambition de faire participer à une même histoire l'ensemble des citoyens. La nation n'est plus pensée que comme une sorte de contenant, rendant totalement illégitime la question politique par excellence, « comment faire de l'un avec du multiple ? » La physionomie propre à une nation telle que les siècles l'ont dessinée devient soudain indifférente. L'identité catholique est appelée pour eux à devenir une identité parmi d'autres. Dans *Situation de la France*, Pierre Manent rappelle que si la loi de 1905 signifie la séparation de l'institution religieuse et de l'État ou la neutralité religieuse de l'État, elle n'entraîne pas la « neutralité » de la société française qui reste « une société de marque chrétienne ». Pensons simplement à notre calendrier, scandé par les fêtes chrétiennes. La pression des musulmans dans le sens d'une pleine reconnaissance est ainsi perçue comme la bonne nouvelle, l'instrument idoine pour en finir avec une civilisation chrétienne.

> ***N'est-ce pas forcer le sens de la parabole du Bon Samaritain que d'en étendre la portée à la pluralité humaine ?***

L'ASPIRATION DES PEUPLES À SE CONTINUER

Car, et c'est la difficulté politique majeure de notre temps, l'aspiration des peuples à se continuer, le sens de la fidélité à soi a perdu toute légitimité, il est même terriblement suspect. Il faut s'arrêter sur le qualificatif « identitaire » dont on affuble tout défenseur de l'identité nationale et, dans le cas qui nous occupe, les catholiques qui fileraient un mauvais coton en rappelant les racines chrétiennes de la France. Cette étiquette est destinée à jeter la suspicion sur quiconque dit son attachement à la France et son souci d'assurer un avenir à cette histoire unique, singulière dont il est l'héritier. Autrement dit, le glissement sémantique d'identité à identitaire vise à apparenter tout défenseur de l'identité nationale à sinon un membre de ces groupuscules d'extrême-droite qui s'auto-désignent identitaires – et qui sont davantage mus par des passions destructrices que par un réel sentiment national – sinon un complice plus ou moins volontaire, sorte d'idiot utile de cette mouvance.

Le retour de l'identité nationale et civilisationnelle est assurément aiguisée par l'émergence d'un islam vindicatif, militant, réclamant toujours plus de visibilité, exigeant d'être reconnu comme une composante à part entière d'un pays qu'on continuerait d'appeler la France alors même que la physionomie en serait totalement modifiée. Toutefois, ce réveil du besoin d'enracinement selon le mot de Simone Weil, méprisé, nié, diabolisé depuis la décennie 1970, n'est pas qu'une force réactive, elle a des fondements anthropologiques. Et c'est ce que les consciences progressistes, de gauche comme de droite, qui avaient programmé l'obsolescence de la nation, de nos mœurs, de notre histoire et spécialement de ces racines chrétiennes qu'ils pensaient extirpées à jamais, refusent obstinément de comprendre. Longtemps les individus, les peuples ont été dociles : ils ont voulu croire les promesses faites par les progressistes, ils se sont laissés convaincre que les hommes seraient d'autant plus libres, originaux, créatifs, bref heureux, qu'ils seraient déliés de toute histoire, de toute mémoire, que la fraternité universelle régnerait, une fois affranchis de leur gangue nationale.

Or la catastrophe anthropologique et civilisationnelle est là, criante – Michel Houellebecq s'est fait le romancier de cette déshumanisation. L'idéologie progressiste se révèle une impasse, elle a engendré des individus non pas libres mais déliés, qui se sentent au cœur un vide existentiel qu'ils aspirent désormais à combler. C'en est fini, nos contemporains ne s'en laissent plus accroire. Les hommes d'hier, crispés sur leur dogme, selon le qualificatif qu'ils aiment tant accoler à leurs adversaires, sont en colère. L'homme n'est décidément pas à la hauteur. Il a besoin d'inscription en un lieu, en une histoire.

Ce rappel de l'identité chrétienne de la France s'inscrit dans un mouvement plus vaste de retrouvailles avec notre histoire, notre passé, notre héritage. Et à cet égard, elle n'est pas l'exclusivité des fidèles, des croyants. Les catholiques qui aujourd'hui en reprennent le flambeau ne sont donc pas mus par la frilosité, le repli, la haine de l'autre, mais par la volonté de sortir de l'atonie.

Si nos contemporains aspirent à redécouvrir leurs racines, ce n'est pas pour s'immobiliser, mais bien au contraire pour se remettre en chemin. Le passé recèle une puissance d'inspiration. Une histoire a été commencée qu'il nous appartient de continuer. Le passé est l'encre dans laquelle les vivants plongent leur plume.

On aurait pu penser que les attentats qui nous frappent depuis 2015 réveilleraient ce que Simone Weil appelait un patriotisme de compassion. Visés comme civilisation, nous devons nous dresser fièrement comme civilisation. Les islamistes qui égorgent en plein office un prêtre, le Père Hamel, semblent en savoir plus long sur nous que nous-mêmes. ●

La vraie leçon des années 1930

Par Eugénie BASTIÉ
Illustration de Nicolas PINET

Plutôt que d'aller renifler les poubelles de l'Histoire, aiguillés par la peur des lendemains, si on allait chercher la lumière sous le boisseau ? Elle a brillé dans les années 1930 chez les mouvements spiritualistes, personnalistes ou non-conformistes, qu'il est urgent de redécouvrir.

« Les années 1930 sont de retour ». C'est en frissonnant d'épouvante que les éditorialistes de gauche brandissent cet épouvantail pour pointer du doigt la dangereuse pente sur laquelle glisserait notre époque. Crise économique, montée des populismes, xénophobie… tous les indicateurs sont au rouge, et on sait comment tout cela se termine. Pourtant, il est proprement injuste et sidérant qu'une des périodes les plus intellectuellement bouillonnantes de la France contemporaine en soit réduite au masque épouvantable des heures les plus sombres de notre Histoire, qu'auraient mieux mérité les tristes années 40. Il est urgent de redécouvrir cette époque féconde intellectuellement, et qui ressemble à la notre, mais pas pour le pire.

Nous sommes un peu plus de dix ans après la Première Guerre mondiale. Paris n'est pas encore une capitale pour touristes et étudiants Erasmus. Entre la Sorbonne et Sciences-Po, on vit, on dort, on manifeste dans ce quartier latin en ébullition permanente. L'Action française a ses locaux rue Saint-André-des-Arts, et à la maison de la Chimie, rue Serpente, s'enchainent les conférences. On se hue, on s'invective. Les gazettes et les revues se multiplient. Les jeunes hommes de 20 ans ne se sont pas battus en 14, mais ils vivent dans une société marquée par les stigmates de la guerre. Une société pleine de veuves et de mutilés, de cérémonies aux monuments aux morts. Une société de grands-pères, où les pères ont disparu engloutis dans les tranchées. Pour nombre d'entre eux orphelins, ces jeunes gens ont conscience peut-être pour la première fois de former une *« génération »*. *« De bord différents, ils ont le sentiment d'être dans le même bateau. Il y a une vraie matrice générationnelle, la conviction que parce qu'ils sont jeunes ils se doivent d'être unis. Ils constatent une décadence, sans être pour autant nostalgiques d'un passé idéalisé.* [1] », explique Olivier Dard, auteur de *Le rendez-vous manqué des relèves des années 30*, un ouvrage majeur sur la période. *« Conservateur est un mot que nul ne songerait alors revendiquer. Pour conserver quoi ? »*

« Spiritualistes » contre « réalistes » : un débat de génération

Dans un autre ouvrage essentiel, *Les Non-conformistes des années 30. Une tentative de renouvellement de la pensée politique française*, Jean-Louis Loubet del Bayle étudie trois mouvements de cette période en particulier : la revue personnaliste *Esprit* fondée en 1932 par Emmanuel Mou-nier, le courant « Jeune droite » composée de catholiques imprégnés d'*Action française* (Jean de Fabrègues, Jean-Pierre Maxence, Thierry Moulnier) et *Ordre nouveau* (Robert Aron, Denis de Rougemeont) dont le manifeste proclame : *« Traditionalistes mais non conser-*

1. Entretien avec l'auteur

vateurs, réalistes mais non opportunistes, révolutionnaires mais non révoltés [...] ni bellicistes, ni pacifistes, patriotes mais non nationalistes, socialistes mais non matéria-listes »

Au-delà de ce tempérament « niniste » qui leur fait rejeter à la fois le mirage de marxisme et les marasmes de la société capitaliste, qu'ont-ils en commun ? Une volonté de *« rompre avec le désordre établi »*, l'attachement à l'idée de *« révolution »* non marxiste et non fasciste et la perspective d'une économie au service de l'homme. Le sens de la communauté, la lutte contre l'individualisme, la critique de la civilisation matérialiste, l'attachement aux corps intermédiaires.

Comme l'explique Olivier Dard dans *Le Rendez-vous manqué des relèves*, le débat oppose alors ces *« spiritualistes »*, opposés au progrès machiniste, conscients d'une crise de civilisation et empreints de moralisme (*« ce que nous combattons, ce n'est pas une cité inconfortable, c'est une cité mauvaise »*, écrit Mounier) aux *« réalistes »* (Bertrand de Jouvenel, Jean Luchaire) qui eux fustigent le retard économique de la France, se tournent vers l'Allemagne et l'idée européenne, et veulent la rationalisation des institutions et l'industrialisation de l'économie.

Un rendez-vous manqué avec l'Histoire

Quelle leçon retenir de l'effervescence non-conformiste ? D'une remarquable fécondité intellectuelle, elle accouchera de la pensée écologiste (avec Ellul et Charbonneau à la fin des années 1930) et personnaliste. Pourtant, politiquement, elle sera engloutie idéologiquement par les deux vagues concomitantes du fascisme et du marxisme sans pouvoir imposer sa propre dynamique politique. À moins qu'on ne lui attribue les pâles fantômes de la démocratie chrétienne.

« Ils ont l'illusion, surtout au début des années 1930, que les anciens cadres sont en train de mourir, et que le clivage droite / gauche n'a plus d'importance. La crise du 6 février 1934 et la constitution du Front populaire, la guerre d'Espagne vont enterrer ces velléités. » commente Olivier Dard. Faisant le bilan en 1939 de l'émulsion non-conformiste, Mounier disait : *« Quelques mots nouveaux que l'on voit maintenant traîner un peu partout ». « Dignité humaine », « personne », « ni droite-ni gauche », « enracinement »* en font partie. La Révolution nationale de Pétain entachera certaines de ces percées intellectuelles du sceau infamant de la collaboration, clou qu'enfoncera BHL dans *Idéologie française* (1981) où il fera des revues non-conformistes des années 1930 le berceau idéologique d'un prétendu protofascisme français. Pourtant, c'est moins de ces collusions que périra le spiritualisme que de l'incapacité à penser la conquête et l'exercice du pouvoir. Ce n'est finalement que dans la doctrine sociale de l'Église que se charpenteront durablement les intuitions des non-conformistes.

Si l'expérience des années 1930 doit servir, c'est à montrer la nécessité d'articuler un constat, des revendications, et un programme et des structures capables de le mettre en œuvre. La grande faiblesse de ces gens-là, c'est qu'ils pensent que la politique, ce sont les idées. Ce n'est pas que cela, c'est un appareil, une pénétration de l'appareil d'État.

D'ailleurs le dernier chapitre du livre d'Olivier Dard s'intitule tristement *« Crépuscule des non-conformistes, aurore des technocrates »*. Tandis que pâlit dans des revues jaunissantes la fièvre spiritualiste, *« si l'expérience des années 1930 doit servir, c'est à montrer la nécessité d'articuler un constat, des revendications, et un programme et des structures capables de le mettre en œuvre. La grande faiblesse de ces gens-là, c'est qu'ils pensent que la politique, ce sont les idées. Ce n'est pas que cela, c'est un appareil, une pénétration de l'appareil d'État. »* analyse l'historien des idées. Voilà la leçon qu'il faut tirer de ce rendez-vous manqué de l'Histoire et de l'esprit, le même carrefour gâché qu'empruntèrent Albert Camus et Simone Weil, les syndicalistes révolutionnaires, ceux qui dansent sur la crête périlleuse de la troisième voie sans pouvoir y faire monter leurs semblables. À nous de ne pas manquer à nouveau les rendez-vous de l'Histoire. ●

À lire

Les Non-conformistes des années 30. Une tentative de renouvellement de la pensée politique française, *Jean-Louis Loubet del Bayle*, Seuil

Le rendez-vous manqué des relèves des années 30, *Olivier Dard*, PUF

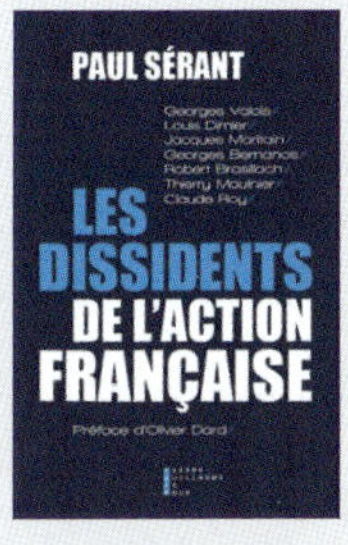

Les dissidents de l'Action Française, *Paul Sérant*, réédité chez Pierre-Guillaume de Roux

Arnaud Imatz

Il n'y a pas plus de droite éternelle que de gauche immuable

Propos recueillis par Max-Erwann GASTINEAU

Illustrations de Charlotte GUITARD

Historien et politologue, né au Pays basque, Arnaud Imatz est docteur d'État en sciences politiques. Spécialiste du monde hispanique, il est membre correspondant français de l'Académie royale d'histoire d'Espagne. Auteur, notamment, de *José Antonio et la Phalange Espagnole* et de *La guerre d'Espagne revisitée*, il a préfacé le livre de Stanley Payne, *La guerre d'Espagne. L'histoire face à la confusion mémorielle*, et a contribué à faire redécouvrir en France l'œuvre du philosophe libéral José Ortega y Gasset, *La révolte des masses*, et celle du traditionaliste Juan Donoso Cortès, *Essai sur le catholicisme, le libéralisme et le socialisme.* Il a publié récemment *Droite / Gauche : pour sortir de l'équivoque. Histoire des idées et des valeurs non conformistes du XIXe au XXIe siècle*, aux éditions Pierre-Guillaume de Roux.

Pourquoi le clivage gauche / droite existe-il ?

Le clivage gauche / droite existe depuis à peine un peu plus d'un siècle, mais je crois qu'il tire à sa fin. C'est devenu un mythe qui sert à brider la résistance populaire à la cristallisation de l'oligarchie mondialiste. Évidemment, en période électorale, la quasi-totalité de la caste politique s'agite, se démène, dans l'espoir de revitaliser le malade, de réveiller le moribond. C'est pour elle une question de survie, mais elle sait qu'il est tard, très tard. On la voit donc au quotidien déchaîner sa propagande. On nous répète, sur tous les tons et tous les modes (tantôt pour s'en féliciter, tantôt pour le déplorer) qu'il y a une droitisation de la société, que les idées et les valeurs de droite sont désormais les enjeux prioritaires. Mais de quelles idées et de quelles valeurs de droite parle-t-on ? On ne le sait jamais vraiment. On ne sait pas davantage quelles sont les valeurs et les idées de gauche. Que je sache, historiquement, la souveraineté nationale, la défense de la famille, l'arrêt de l'immigration massive ou la défense de la culture française n'ont jamais été des monopoles de la droite.

Pendant longtemps, du moins à partir du tournant du XXe siècle et jusqu'à la fin des années 1980, la droite, c'était la religion, la morale, la tradition et la nation ; la gauche c'était, à l'inverse, la question sociale, la révolution sociale. Mais depuis trois décennies, les grands partis politiques de droite et de gauche ne jurent plus que par l'économie et par les questions sociétales. Les vieux marqueurs ne servent plus à rien. À l'heure des échéances électorales, le scénario semble immuable. On n'échappe pas à la loi de fer de l'oligarchie. Devant le risque de naufrage du système, devant la montée d'une oligarchie alternative, nettement plus représentative des intérêts du peuple, l'oligarchie dominante s'affole.

Nombre de ceux qui contestent le pouvoir de « l'oligarchie dominante » continuent pourtant de se réclamer de ce clivage.

Je crois avoir montré le caractère relatif du clivage gauche / droite au cours de l'Histoire. Il n'y a pas plus de droite éternelle que de gauche immuable. Hier, seuls les non-conformistes osaient disqualifier cette division prétendue inévitable et surtout sur un plan moral. Ils la tenaient pour une « hémiplégie morale », une manière d'exclure de l'âme la moitié de ce qu'elle doit ressentir. Ils dénonçaient cette attitude déplorable consistant à rejeter le tout, pour lui substituer une caricature de moitié. Mais aujourd'hui, il ne s'agit pas simplement de courants intellectuels minoritaires. C'est la majorité de

la population qui a compris que les notions de droite et de gauche sont dépassées. La vérité éclate au grand jour : la nouvelle ligne de fracture traverse désormais tous les partis de gouvernement à droite comme à gauche. Le nouveau clivage oppose dorénavant les partisans de l'enracinement et de la souveraineté aux adeptes de la gouvernance mondiale, le peuple à l'élite mondialisée.

Les partisans de l'enracinement s'opposent en Europe au multiculturalisme, qui lui aussi s'oppose à l'abstraction des Droits de l'homme, en exaltant la coutume communautaire…

La théorie du multiculturalisme est une création américaine ou, plus précisément, des *think tanks* états-uniens. Les penseurs politiques hispano-américains, qui n'ont jamais été dupes sur ce point, ont très tôt dénoncé cette fausse théorie comme une méthode de vassalisation, comme un vecteur de colonisation nord-américain. On le comprend ! Les interventions et les agressions des États-Unis dans le monde luso-hispanique, au cours des deux derniers siècles, se comptent par centaines pour les majeures et par milliers pour les mineures. En fait, le principal reproche que l'on peut faire au multiculturalisme, c'est de se servir du masque du respect de l'Autre et d'accorder des droits aux minorités pour le seul fait de l'être et non pas pour la valeur intrinsèque, historico-politico-culturelle qu'elles représentent. On prétend respecter l'identité de l'Autre, tout en l'enfermant dans son particularisme. Pire, on dépolitise le débat politique en refusant de penser en termes d'État-nation. On se limite aux questions sociétales, économiques et de genre et l'on enterre subrepticement la communauté historico-politique, la communauté de destin dans l'universel.

La pensée d'Ernest Renan, icône du républicanisme d'hier, est me semble-t-il à cet égard beaucoup plus subtile, et en tout cas plus en accord avec le meilleur du modèle politique français. Renan nous est présenté comme l'archétype du défenseur de la conception consensualiste de la nation, l'apôtre de la nation comme produit d'un « plébiscite quotidien ». Mais en réalité, une lecture attentive de *Qu'est-ce que la nation ?* montre qu'il est beaucoup plus nuancé qu'on ne le prétend. « Une nation est une âme, un principe spirituel, affirme Renan. Deux choses qui à vrai dire n'en font qu'une constituent cette âme, ce principe spirituel. L'une est dans le passé, l'autre est dans le présent. L'une est la possession en commun d'un riche legs de souvenirs ; l'autre est le consentement actuel, le désir de vivre ensemble, la volonté de continuer à faire valoir l'héritage qu'on a reçu indivis » On ne saurait être plus clair !

Le consentement et la volonté combinés à un legs historique partagé, tels sont les deux axes de sa conception de la nation. Le plébiscite quotidien n'est pas chez lui un pur choix volontaire, libre de toute règle ou prescription collective, il intervient à l'intérieur d'une communauté nationale déjà définie, détentrice d'une histoire et d'une culture politique données. Sa conception de la nation est aux antipodes des élucubrations fantaisistes de nos prétendues élites actuelles de droite ou de gauche.

Faut-il donc renoncer à l'Homme et dire, comme la célèbre formule de Joseph de Maistre, qu'il n'existe que des Français, des Italiens, des Russes ou encore des Persans ?

Je ne le crois pas. Il faut au contraire essayer de concilier harmonieusement universalisme et particularisme, comme le fait Juan Donoso Cortès, dans la lignée de la doctrine sociale de l'Église.

Fidèle aux évangiles, Donoso voit dans le christianisme une religion à la fois transcendante et immanente. Selon lui, « toute grande question politique et humaine suppose et enveloppe une grande question théologique ». Le message qu'il nous lègue est d'une étonnante actualité : la religion est la clef de l'Histoire, la clef de toutes les cultures et civilisations connues ; les idées fondamentales qui configurent l'Europe et la civilisation occidentale sont pratiquement toutes d'origine chrétienne ou ont été réadaptées par le christianisme ; nier le christianisme, c'est renoncer à l'Europe historique et à l'Europe possible. Donoso, c'est aussi l'idée que les intérêts matériels sont bons et nécessaires mais qu'ils ne sont pas pour autant les intérêts suprêmes de la société humaine ; c'est l'équilibre entre les intérêts moraux et les intérêts matériels, entre la santé de l'âme et celle du corps, un équilibre qui constitue la plénitude de la santé dans la société comme dans l'homme. Donoso, c'est enfin le précurseur du catholicisme social et l'un des premiers, sinon le premier, à proposer l'idée originale d'une troisième voie en tant que stratégie intellectuelle opposée à la fois au libéralisme et au socialisme. Je vous renvoie ici à l'anthologie que j'ai publiée en 2013 : *Théologie de l'histoire et crise de civilisation*.

À partir d'une tout autre perspective, celle de l'existentialisme chrétien, le philosophe basco-espagnol, Miguel de Unamuno, a lui aussi développé une critique acerbe de l'homo *economicus*, de l'homo *insipidus*, de l'homme apatride, asexué, fantomatique. Champion de la démocratie libérale et de la République, il ne craignait pas de se déclarer pour le « tréfonds de l'Histoire des peuples », pour l'homme charnel, concret et temporel. Il écrit textuellement dans *Le sentiment tragique de la vie* (1912) : « Tout individu qui, dans un peuple, conspire à rompre l'unité et la continuité spirituelles de ce peuple, tend à le détruire et à se détruire en tant que partie de ce peuple ». On est ici aux antipodes de l'économisme ou plutôt de l'économicisme du néolibéralisme et de la néo-social-démocratie.

Quid du personnalisme, courant non-conformiste s'il en est ?

Le personnalisme chrétien des années 1930 est, je crois, l'un des courants philosophico-politiques modernes les plus féconds qui soit né en France ; né du refus du dilemme entre injustice sociale du capitalisme libéral et esclavage spirituel de l'utopie socialiste. Les penseurs personnalistes des années trente opposent au capitalisme leur refus du « laissez-faire, laissez-passer ». Le marché, disaient-ils, ne saurait être autonome. Il doit demeurer dépendant de la politique, de l'éthique, du droit et de la morale.

Non seulement, le capitalisme sauvage appauvrit matériellement une partie du peuple, mais il le déracine culturellement et spirituellement tout entier

Cela étant dit, si le personnalisme chrétien de ces années peut être considéré comme un mouvement précurseur, pionnier ou novateur, je crois pour ma part que c'est avant tout parce qu'il considère que tout bouleversement des structures est vain s'il ne s'accompagne pas d'une transformation morale et spirituelle du plus grand nombre, en commençant par celle des partisans du changement révolutionnaire. ●

République des conseils de Bavière

Une tentative de communisme démocratique

Entre fin 1918 et début 1919, de nombreuses révolutions éclatent en Allemagne, influencées par la révolution bolchévique. L'une d'elle porte les espoirs d'un communisme démocratique

Par Kévin VICTOIRE
Journaliste, co-fondateur du blog *Le Comptoir*. Membre de la rédaction de *Limite*.

La révolution bolchévique d'Octobre 1917 a des répercussions aux quatre coins de l'Europe. Conscients qu'une brèche est ouverte et que le capitalisme peut vaciller, les socialistes tentent d'exporter l'expérience. Affaiblie par la Première Guerre mondiale l'Allemagne est un terrain qui semble propice aux insurrections. Alors que le Parti social-démocrate allemand (SPD) s'est compromis, de nouveaux mouvements plus radicaux prospèrent outre-Rhin et provoquent de nombreuses révoltes. Si la révolte spartakiste de Berlin, qui conduit aux assassinats de Karl Liebknecht et Rosa Luxemburg le 15 janvier 1919, reste célèbre, les autres insurrections sont bien moins connues. Pourtant, celle qui amène à l'éphémère République des conseils de Bavière est plus aboutie.

La guerre à peine achevée, que la classe moyenne et le prolétariat contestent le régime. Dès octobre 1918, des conseils ouvriers, sur le modèle des soviets russes, se mettent en place afin de défendre plus de démocratie et de justice sociale. Le 7 novembre, lors d'une manifestation pacifiste à Munich, le journaliste Kurt Eisner, membre du Parti social-démocrate indépendant d'Allemagne (USPD), tout juste sorti de prison, incite la foule à prendre le contrôle de la ville. Le lendemain, alors que le roi de Bavière Louis III s'est enfui, un conseil ouvrier confie le pouvoir au journaliste qui proclame la « république socialiste de Bavière ». Pas assez réformiste, ni démocratique, la République, déçoit cependant le prolétariat.

Le 3 avril 1919, la « République des conseils de Bavière » est proclamée. Enst Toller, dramaturge et poète libertaire, tout juste âgé de 25 ans prend la tête du nouveau gouvernement, entouré notamment des écrivains Erich Mühsam et Gustav Landauer ou de l'économiste Silvio Gesell, tous trois anarchistes. Nullement préparés à gouverner, Toller et ses compagnons subissent divers revers et laissent la place le 13 avril à Eugen Leviné et Max Levien, deux militants communistes d'origine juive et russe. Les réformes pleuvent alors : des délégués révolutionnaires, élus démocratiquement, supervisent les banques, les sans-abris sont hébergés et les ouvriers deviennent propriétaires des usines qui sont collectivisées. Une police populaire et une armée rouge sont mises en places. Moins libertaires et plus collectivistes que dans sa première version, cette Seconde République des conseils de Bavière n'en est pas moins démocratique, en témoignent la persistance des partis politiques et des anciennes instituions. Le bilan est cependant mitigé. Si les ouvriers sont enthousiastes, les communistes se heurtent à la résistance des paysans. De plus, Berlin, effrayée par ce régime trop radical empêche, tout ravitaillement. Les vivres et le charbon commencent à manquer. Le régime allemand finit par écraser militairement la jeune République le 3 mai. Quelques mois plus tard, la république de Weimar est proclamée, emportant avec elle les espoirs révolutionnaires du pays. ●

Leszek Kolakowski

« Le monde a besoin du christianisme »

Figure de la dissidence polonaise et du mouvement *Solidarnosc*, Kolakowski a fait partie de cette génération d'intellectuels qui, confrontée à l'expérience totalitaire, va découvrir la fragilité intrinsèque des sociétés humaines et, partant, explorer les vertus de l'anthropologie chrétienne comme école de la finitude.

L'expérience du totalitarisme communiste lui a fait comprendre les dangers et les horreurs des doctrines qui ignorent les limites fondamentales de la condition humaine

Le philosophe polonais Leszek Kolakowski, né en 1927, qui fut dans sa jeunesse marxiste orthodoxe et membre du parti communiste, s'illustra ensuite en 1956 comme une figure majeure d'un marxisme dit « révisionniste », avant de se séparer complètement du marxisme. En 1968, il quitta la Pologne où il ne pouvait plus enseigner et était exposé à la censure, et vécut à Oxford jusqu'à sa mort en 2009.

En 1974, il déclara dans un article mémorable intitulé *« Le Diable peut-il être sauvé ? »* : « Le monde a besoin du christianisme [...] parce qu'il est probable que certaines tâches importantes ne peuvent être entreprises sans lui. Le christianisme fait partie de notre héritage spirituel commun, au point qu'être absolument non chrétien signifierait être exclu de cette culture. »

Une telle déclaration, qui serait banale en elle-même, est étonnante de la part d'un philosophe qui venait d'une famille laïque et qui ne s'est jamais converti, même s'il s'est rapproché du christianisme et a été proche par la suite du pape polonais. Cette déclaration s'explique par une réflexion née de l'expérience directe du totalitarisme communiste, dont il a compris qu'il reposait sur le projet utopique de nier les limites fondamentales de la condition humaine.

« Nous avons besoin du christianisme, mais non de n'importe quelle sorte de christianisme. Nous n'avons pas besoin d'un christianisme qui fasse la révolution politique ou qui se hâte de coopérer à la prétendue révolution sexuelle, poursuit-il. Il y a assez de for-ces dans le monde pour tout cela sans le christianisme ». Mais le christianisme a une autre raison d'être qui le rend irremplaçable. « Les hommes ont besoin d'un christianisme qui les aide à aller au-delà des difficultés immédiates de la vie, qui leur donne la conscience des limites fondamentales de la condition humaine et la capacité de les accepter (...) Nous avons besoin d'un christianisme qui ne soit non pas doré, violet ou rouge, mais gris. »

L'expérience du totalitarisme communiste a fait comprendre à Kolakowski (et à quelques autres auteurs de sa génération) les dangers et les horreurs des doctrines qui ignorent les limites fondamentales de la condition humaine et qui, de différentes manières, ambitionnent de créer un homme nouveau, de réaliser une unité parfaite de l'être humain, une société ayant éliminé tout conflit. C'est ce qui l'amène à redécouvrir, en philosophe soucieux de l'humanité de l'homme, le dogme chrétien du péché originel, qui prend un sens nouveau à partir d'une telle expérience. « Il y a un danger pour la culture dans toute utopie de réconciliation parfaite et [...] le concept de péché originel nous donne une vue pénétrante sur la condition humaine ».

Ayant avancé cela, Kolakowski est conscient des usages et dérives d'une telle idée, qui peut favoriser la résignation ou la soumission à la domination politique. « Que le concept de péché originel puisse avoir eu des effets désastreux est incontestable. Mais il en est de même pour la doctrine contraire qui pose que notre perfectibilité est sans limites et que nos prédictions de synthèse universelle et de réconciliation totale peuvent être réalisées ».

CONTENIR PROMÉTHÉE

Sans être à proprement parler un réactionnaire, Kolakowski met ainsi en avant un dogme qui apparaît, aux yeux de beaucoup, comme ce qu'il y a de plus obscurantiste dans le christianisme, au point que, dans le contexte actuel, l'Église elle-même semble hésiter à s'en réclamer. La leçon fondamentale à retenir du christianisme est que les hommes ne peuvent pas faire leur salut par eux-mêmes, que « nous autres, êtres humains, nous n'avons pas la force de nous délivrer nous-mêmes du mal. La souillure du péché originel pèse irrémédiablement sur nous et nous ne pouvons nous laver de cette souillure sans recevoir une aide extérieure ». Cette leçon contenue dans le dogme du péché originel, Kolakowski la paraphrase en termes plus philosophiques : « Ainsi donc, le christianisme serait la conscience de la faiblesse et de la caducité humaine et il est vain de chercher à démontrer que puisse exister un « christianisme prométhéen », autrement dit que la foi chrétienne puisse être conciliée avec l'espoir de l'autorédemption de l'humanité ».

Au XIXe siècle, deux grands penseurs, Marx et Nietzsche, ont nourri, chacun à leur manière, l'espoir utopique d'une auto-rédemption de l'humanité. Au XXe siècle, leurs deux doctrines, foncièrement anti-chrétiennes, écrit Kolakowski, « ont servi de justification aux deux tyrannies les plus funestes » que ce siècle a connues, le nazisme et le communisme. Que retenir au XXIe siècle de la méditation du philosophe polonais ? Ces deux tyrannies se sont effondrées et appartiennent au passé. Faut-il penser que l'espoir en une auto-rédemption de l'humanité se serait également éteint ? Il n'en est rien. L'esprit prométhéen a pris aujourd'hui de nouvelles formes. Aux utopies de nature sociale et politique ont succédé notamment des utopies biotechnologiques comme le transhumanisme, qui promet aux hommes un dépassement inouï des limites fondamentales de la condition humaine.

J'ajouterai ceci : aujourd'hui comme jadis, pour les utopies biotechnologiques comme pour les utopies politiques, il serait naïf de supposer qu'il s'agirait d'une entreprise folle effectuée par une minorité. Les utopies cherchent à s'appuyer sur nos désirs, elles constituent une tentation partagée par une importante majorité, y compris, si nous sommes honnêtes, par chacun de nous, qui pouvons être captivés par un rêve de toute puissance et d'immortalité. D'où, à nouveau, la vocation propre du christianisme qui est de mettre en garde les hommes contre de telles tentations et de leur faire comprendre qu'il y a une dignité dans l'humanité faible et mortelle. ●

Par Jacques DEWITTE

Philosophe, auteur de *Kolakowski. Le clivage de l'humanité* (Michalon, 2011)

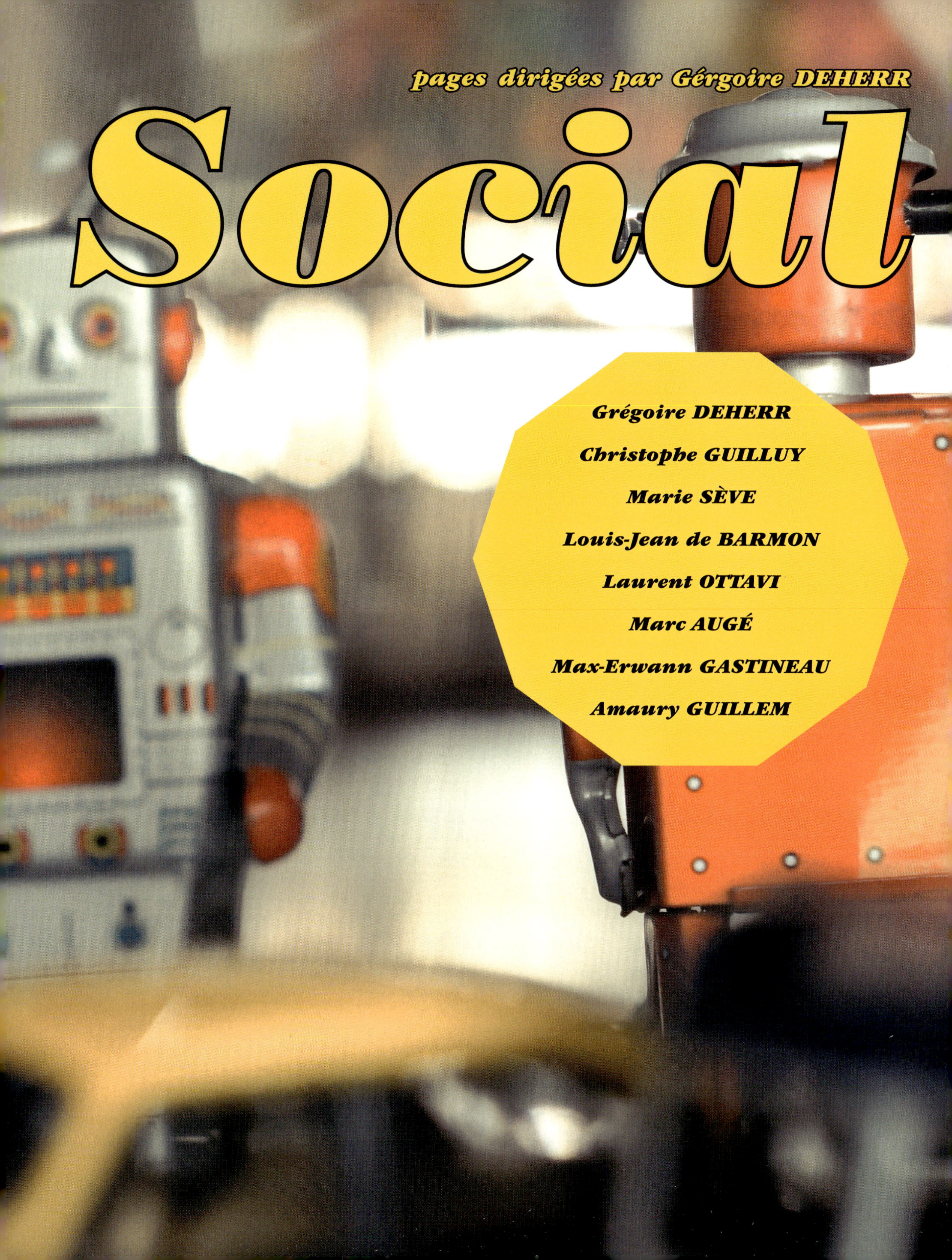

pages dirigées par Gérgoire DEHERR

Social

Grégoire DEHERR

Christophe GUILLUY

Marie SÈVE

Louis-Jean de BARMON

Laurent OTTAVI

Marc AUGÉ

Max-Erwann GASTINEAU

Amaury GUILLEM

« La géographie humaine est la forme de l'Histoire ». **La sentence se trouve au cœur du dernier et superbe récit de Sylvain Tesson, *Sur les chemins noirs* (Gallimard) paru en novembre 2016. Dès lors, il suffit de sortir de son immeuble - HLM ou haussmannien - de sa maison - bourgeoise ou pavillonnaire - et de se balader dans nos rues, (auto)routes et chemins pour comprendre dans quel monde nous habitons. Mais alors ami flâneur des villes, que nous raconte le paysage ?**

Par Grégoire DEHERR
Rédacteur en chef de
revuelimite.fr

Quand on arrive en ville

Le constat est unanime, évident, si flagrant que l'on cesse presque de s'en étonner : nos entrées de ville sont défigurées… et uniformes. Si Brel revenait, il ne chanterait plus la « laideur des faubourgs » mais la laideur des Carrefours©. Je ne vais pas nous imposer la trop longue litanie des enseignes – Auchan, Castorama, Ikéa, etc. – nous ne connaissons que trop bien la camisole de moche qui entoure nos villes. Du fait de cette frénésie des grandes surfaces, de leurs immenses parkings et de l'extension sans limite des banlieues pavillonnaires standardisées, l'étalement urbain représente l'équivalent d'un département français enseveli tous les sept ans sous le béton. La richesse des sols est à jamais perdue, nous ne cesserons jamais de dénoncer ce scandale écologique et esthétique. Mais alors pourquoi un tel saccage, qui plus est uniforme, dans toutes les villes françaises ?

Les raisons sont connues et multiples. On peut incriminer la décentralisation, les pouvoirs d'urbanisme laissés aux élus locaux (qui peuvent aisément transformer les terres agricoles en terres constructibles), un exode rural non maîtrisé, le lobby du BTP et des grandes enseignes, etc. Mais fondamentalement, ce paysage périurbain, « forme de l'Histoire », témoigne d'une utopie, celle de l'individu autonome. Ce paysage est celui de la maison individuelle et surtout de la voiture individuelle, outil par excellence de l'autonomie. Toutes les activités de la vie – travail, consommation, loisirs – sont organisées autour de la voiture. « En quarante ans, écrit Sylvain Tesson, le paysage se transforma pour que passent les voitures. Elles devaient assurer le mouvement perpétuel entre les zones pavillonnaires et le parking des supermarchés. Le pays se piqueta de ronds-points. Désormais les hommes passeraient des heures dans leur voiture. Les géographes parlaient d'un mitage du territoire : un tissu mou, étrange, n'appartenant ni à la ville ni

Sans ménagement du territoire

à la pastorale une matrice pleine de trous entre lesquels on circulait. »

Si l'on doit penser une nouvelle organisation des ces espaces périurbains, il ne faut pas non plus faire preuve de dédain – façon Télérama et ses numéros sur la « France moche ». Critiquer la maison Phénix, son crépis « jaune Californie » (sic), et son garage à fermeture électrique, ce n'est pas s'attaquer à ceux qui y vivent. N'oublions pas que pour la classe moyenne qui a émergé dans la fin du XXe siècle, la maison individuelle représente un véritable progrès et offre un cadre propice à l'épanouissement de nombreuses familles.

En finir avec ce paysage, ce n'est pas du mépris de classe, c'est au contraire vouloir créer de nouvelles solidarités, faire en sorte que les habitants n'habitent plus à côté, seuls et autonomes, mais créent une communauté de vie. Cela se traduit par des nouveaux modes de loisirs, de consommation. Une AMAP qui réunit des habitants d'un quartier, c'est plus de lien social, des voitures laissées au repos et le Leclerc du coin qui perd des clients et renonce ainsi à s'agrandir (et demain qui ferme ?). Contre un urbanisme qui nous conditionne en *homo consumerus*, à nous d'opposer les comportements qui récusent la fatalité des lieux.

Boulimie et anorexie

Une fois passée la couronne périurbaine, le flâneur des villes poursuit son chemin. Il se dirige vers le « centre-ville ». Mais attention, tout dépend de quelle ville nous parlons. Car aujourd'hui, effet de la mondialisation, la taille de la ville détermine sa nature : il faut distinguer la ville, petite ou moyenne, de la métropole. C'est ce que nous expliquent le géographe Christophe Guilluy et notre contributrice Marie Sève dans ce dossier. L'émergence des métropoles connectées au monde est la conséquence directe de la mondialisation. Celles-ci accueillent à la fois les classes les plus aisées et une population immigrée très pauvre. Les cadres supérieurs et les « techniciens de surface ». Le centre-ville pour les uns, la banlieue pour les autres. Jamais les métropoles n'ont produit autant de richesses dans notre pays mais jamais elles n'ont accueilli autant de personnes pauvres. La métropole est le lieu du grand écart.

Quand est-il des petites villes ? Dans un remarquable article du *New York Times* du 7 mars 2017, un journaliste américain fait le triste constat suivant : « En France, le déclin des villes de province est celui d'un marqueur de son identité ». Prenant l'exemple d'Albi où il s'était rendu dans les années 80, il décrit sa stupéfaction par la désertion du centre-ville. Seul le tourisme fournit un ersatz de vitalité. C'est l'essence même de notre identité qui est menacée : le patrimoine vivant et transmis devient carte postale et donc étranger. Autrefois orgueilleuse d'un clocher ou d'un beffroi, d'une spécialité culinaire ou d'une industrie locale, cette France des préfectures et sous-préfectures s'appauvrit, ses forces vives sont aspirées par la métropole. Notre pays fait songer à ces personnes qui, tout en souffrant d'anorexie, sont sujettes à des crises de boulimie. Les villes de la « France périphérique » s'amaigrissent inexorablement, tandis que les métropoles se gavent. Résultat, c'est tout le pays qui est malade.

Cette situation dramatique de certaines villes de province a l'intérêt de nous montrer une vérité. La décroissance pour elle-même n'a pas de sens si elle est subie et exclusivement qualitative. La décroissance vise le « moins » pour atteindre le « mieux », le plus lent pour atteindre le plus convivial. *Les Carnets de la Décroissance* (revue trimestrielle) qui ont consacré deux numéros à la ville utilisent la belle expression de décroissance comme « passion joyeuse ». Alors vive la croissance du commerce ! Mais en ville, pas dans un centre commercial. Il en va de notre identité, de notre environnement, de notre Histoire…et donc de notre géographie.

Christophe Guilluy

La domination bourgeoise s'appuie désormais sur un brouillage de classe

Propos recueillis par Grégoire DEHERR
Illustrations de Maylis MAURIN
et Victor CARPENTIER

On a parfois du mal à comprendre la mondialisation. Si tel est le cas, convoquez mentalement un ouvrier de Montluçon au chômage et un ingénieur lyonnais, vous comprendrez instinctivement ce qu'il en est. Schématiquement, c'est un peu cela Christophe Guilluy. Le lire, c'est comprendre la mondialisation à travers la géographie et la sociologie de nos sociétés occidentales. En trois essais – *Fractures françaises* (2010), *La France périphérique* (2014) et *Le Crépuscule de la France d'en-haut* (2016) – Christophe Guilluy s'est imposé comme le géographe incontournable des effets de la mondialisation. Adulé ou décrié, il ne cesse ne nous alerter : il existe une France en dehors des métropoles connectées. C'est même là où vit la majorité, ne l'abandonnons pas.

Le titre de l'un de vos ouvrages est entré dans le langage médiatique, je parle bien évidemment de* La France périphérique. *Pouvez-vous nous expliquer ce concept ?

Paradoxalement, bien que géographe, je m'intéresse moins aux territoires qu'aux gens qui vivent dans ces territoires. Et parmi ces gens, je travaille plus particulièrement sur les catégories modestes. De fait, j'ai naturellement commencé à travailler sur la banlieue, car instinctivement, on imagine que les catégories populaires y habitent.

Or, les statistiques sont formelles. Les catégories populaires (ouvriers, employés, paysans, jeunes et retraités issues de ces catégories), c'est-à-dire la majorité de la population française, ne se résument pas à la banlieue. J'ai donc commencé à effectuer des cartes de ces populations. Il est apparu que les trois-quarts des catégories populaires habitent loin des banlieues, lesquelles se situent au sein des espaces dont on parle le plus, les grandes métropoles mondialisées. C'est cela la France périphérique, les espaces en marge des métropoles.

Dans ce cas, quelle différence avec la ruralité ?

La division entre urbain et rural ne signifie pas grand-chose. Selon la méthode retenue, la part d'urbains oscille entre 80% (Insee) et 40% (Eurostat)… Dès lors, où habitent ces catégories populaires ? Dans le périurbain ? Là non plus, le concept ne se révèle absolument pas opérant car on peut habiter dans du périurbain aussi bien dans les Yvelines que près de Châteauroux. Le triptyque urbain, périurbain, rural s'avère non seulement insignifiant mais plus grave, il rend invisible la France des catégories populaires, celle que j'ai appelée la « France périphérique ».

Il s'agit d'un nouveau concept à la fois social et urbain. Ce sont ces territoires qui sont les plus éloignés des 15 plus grandes métropoles mondialisées. Constitués d'espaces ruraux, de petites villes et villes moyennes, ces territoires accueillent depuis 30 ans la majorité des nouvelles catégories populaires en voie de déclassement. Je parle de déclassement car ces populations constituaient hier encore le socle de la classe moyenne.

En quoi ces territoires nous parlent-ils de la mondialisation ?

Ils traduisent dans l'espace une séparation entre les populations utiles à l'économie (dans les grandes métropoles) et celles dont on n'a plus besoin pour « faire tourner la boutique » de l'économie-monde. Mécaniquement, on retrouve dans la « France périphérique » les personnes les plus fragiles économiquement et socialement : ouvriers, employés, paysans.

Je viens d'évoquer la dimension sociale mais il ne faut pas occulter la dimension culturelle. Ces territoires regroupent les gens qui ne comptent pas et qu'il est aisé d'ostraciser. C'est la France du vote FN, des « petits-blancs », expression qui en dit long sur le mépris de ceux qu'on accuse ne pas vouloir jouer le jeu de la mondialisation. Et c'est là le grand paradoxe. Ces catégories n'étaient initialement pas opposées au modèle européen ni à la mondialisation libérale. D'ailleurs, les « gens ordinaires » ne sont pas pour ou contre le libéralisme, c'est une discussion de salon de thé à Paris ! Plus simplement, les gens sont prêts à accepter un modèle s'il leur est bénéfique. Compte tenu de ce qu'est devenue leur vie depuis ces trente dernières années, le rejet de la mondialisation relève d'un diagnostic très rationnel.

Vous parlez de dimension culturelle du pays périphérique. Pourquoi le rejet de la mondialisation s'accompagne-t-il d'un rejet du multiculturalisme ?

En France, nous avons cru que nous allions adopter un modèle économique mondialisé, sans adopter les normes d'une société multiculturelle mondialisée, c'est-à-dire des normes contraires à notre tradition républicaine et assimilationniste. À ce titre, Manuel Valls est un cas d'école. Il ne prononce pas une phrase sans le mot « République », mais à l'instar de beaucoup d'élus locaux de banlieue, il a géré sa ville de façon classique et multiculturelle, mâtinée de communautarisme.

Logiquement et presque banalement, le modèle sociétal du multiculturalisme s'est imposé avec un modèle économique. Par provocation, j'écris dans mon dernier livre que la France est devenue une société américaine comme les autres.

Ce rejet de la mondialisation est commun à l'ensemble des pays développés. Avec le Brexit et l'élection de Trump, peut-on parler d'Angleterre et d'Amérique périphériques ?

En effet, ce concept de pays périphérique est commun à l'ensemble des pays développés. Dernièrement, j'ai répondu à une télévision suédoise pour évoquer la Suède périphérique. L'élection de Trump a constitué une véritable claque pour mes détracteurs car le nouveau Président incarne par excellence l'Amérique périphérique. Prenez les cartes de la répartition du vote Clinton-Trump, c'est un cas chimiquement pur. Quant à l'Angleterre périphérique, je suis frappé de constater que le modèle mondialisé a créé sa propre contestation. Le Brexit a non seulement effacé la géographie territoriale traditionnelle mais aussi le bipartisme classique gauche/droite. Les partis traditionnels ne parviennent pas à intégrer cette nouvelle dichotomie.

Pourquoi la création de richesses se concentre-t-elle dans les métropoles ? En quoi ce changement a-t-il transformé nos villes ?

La mondialisation se définit par la division internationale du travail. L'emploi industriel a quitté les pays développés. À l'inverse, les emplois à haute valeur ajoutée, les mieux adaptés à l'économie-monde – la recherche, la finance, autant d'activités tertiaires qui ne nécessitent pas d'espace pour produire – se sont concentrés dans les grands centres urbains connectés.

Autrefois, nos centres urbains étaient assez divers socialement. À Paris ou à Lyon, on avait des ouvriers propriétaires de leur logement. Fidèle à sa loi, le marché créait les conditions de présence des gens dont il avait besoin. Dès lors que l'on a exclusivement besoin de cadres, les conditions de la gentrification des quartiers populaires sont réunies. Contrairement à ce que l'on dit, ce n'est pas parce que l'on va construire 20 ou 25 % de logements sociaux que l'on va empêcher la fuite des classes populaires. Le « parc social de fait », c'est-à-dire le parc privé abordable, a désormais disparu. On observe la même dynamique aux Pays-Bas, en Italie, aux États-Unis.

Mais alors, comment loger les petites mains pour le BTP, la restauration, ces métiers qui fournissent l'intendance de la métropole ? C'est le rôle du logement social qui accueille une population immigrée qui accepte des *jobs* les plus précaires.

Ce n'est pas parce que l'on va construire 20 ou 25 % de logements sociaux que l'on va empêcher la fuite des classes populaires

À l'instar de Christopher Lasch, vous faites état d'une « révolte des élites ». Ceux-ci n'habitent plus avenue Foch mais à Belleville. Vous les appelez les « Rougon-Macquart déguisés en hipster ». Pourquoi ce bobo-bashing ?

Je préfère le terme de « France d'en-haut » à celui d'« élites ». Les élites renvoient aux « 1% » les plus riches. Avec la « France d'en-haut », j'englobe les catégories supérieures et les classes moyennes supérieures que l'on retrouve principalement dans les métropoles et qui représentent 30 à 40% de la population. Ce ne sont pas uniquement les riches mais plutôt la grosse minorité privilégiée. D'ailleurs, cette France d'en-haut est la première à critiquer les 1%. Tout le monde déplore la financiarisation du monde et les paradis fiscaux. Même Sarkozy, c'est dire… Cette critique, par ailleurs légitime, me semble totalement inoffensive car elle ne remet pas le système en cause. Il s'agit plutôt d'une intégration de la critique du système dans le système.

Quand j'utilise le concept de « bobo » (popularisé par David Brooks qui désignait la bourgeoisie démocrate), je m'intéresse surtout au premier « bo », celui de bourgeois. Quelle différence entre un loft de Belleville d'une valeur d'un million d'euros et les hôtels particuliers de l'époque des Rougon-Macquart ? J'estime légitime de critiquer la bourgeoisie pour ce qu'elle est.

Mais aujourd'hui, et c'est l'intérêt du second « bo », la bourgeoisie a compris qu'elle ne pouvait plus être frontale. La domination existe encore mais celle-ci s'appuie désormais sur un brouillage de classe qui me semble lui être bénéfique. Elle donne l'image d'une classe contestataire, cool, qui a envie de plus d'égalité. C'est la bourgeoisie de la Silicon Valley, façon Steve Jobs. Il portait certes un jean et un col roulé au lieu du costume cravate, mais il n'en était pas moins un redoutable *business man*. Le « cool » ne doit pas faire oublier la critique sociale.

Vous allez très loin dans votre dernier livre. Vous décrivez la posture morale de la bourgeoisie qui décrédibilise toute critique.

Comme elle n'assume pas sa position de classe, elle tente de décrédibiliser toute attaque qui révélerait sa position de classe. Quant j'intègre le concept de « bobo », on me reproche d'utiliser un terme « journalistique, américain, pas sérieux ». Toute critique est ringardisée, fascisée, selon la technique efficace qu'a très bien décrite Pasolini dans ses *Écrits Corsaires* : « Pour se protéger, la bourgeoisie inventera un antifascisme contre un fascisme qui n'existe plus ».

Sur la question de l'immigration par exemple, je déplore un discours stupide et manichéen – entre racistes et antiracistes. Nos réactions humaines éminemment complexes méritent mieux qu'une disqualification morale. Dans une société multiculturelle où l'autre ne devient pas soi (car il n'y a pas d'assimilation), la question centrale est celle-ci : dans mon quartier, dans ma ville, vais-je me trouver en minorité ? La question concerne chacun d'entre nous, qui que nous soyons. Prenons l'exemple de la petite bourgeoisie maghrébine de Seine-Saint-Denis qui actuellement, craint de se trouver en minorité par rapport à une population subsaharienne. Les stratégies d'évitement concernent toutes les catégories sociales.

Une certaine bourgeoisie ostracise la France d'en bas qui pourtant, accueille depuis 30 ans des populations immigrées avec un calme absolu. Les violences racistes en France sont minimales par rapport à ce qu'elles sont aux États-Unis, aux Pays-Bas ou même en Allemagne ou en Suède. On devrait s'en féliciter alors que l'on condamne cette France « xénophobe », cette France « du repli sur soi ». À l'inverse, dans mon dernier livre, je me moque un peu de ces milieux qui prêchent l'ouverture alors que la diversité y est quasi-inexistante. Rappelez-vous cette cérémonie des Césars de 2016 qui récompense le film *Fatima* devant une salle 100% blanche…

Vous essuyez de vives critiques de la part du milieu universitaire. Pourquoi une telle véhémence ?

Cette classe supérieure ne se limite pas aux médias ou à la classe politique, celle de « l'alternance unique » pour citer Michéa, mais également au monde universitaire. Seul le modèle de la métropolisation est considéré comme valable. Avec mes cartes, je montre une réalité sociale que la classe supérieure ne souhaite pas voir, celle des perdants de la mondialisation.

Il existe une véritable guerre des représentations. Naïvement, quand j'ai présenté mon concept de « France périphérique », je ne pensais pas créer une polémique. Dans un premier temps, la polémique est née car on a falsifié ce que je défendais. Dans le milieu universitaire, on m'accusait de pétainisme parce que prétendument, je défendais le rural… J'ai ensuite compris qu'on a voulu ostraciser mes positions, lesquelles contredisent les représentations admises.

Pensez-vous que la carte fait le territoire ? Autrement dit, les représentations ont-elles raison de l'objectivité scientifique ?

Le géographe Gérard-François Dumont écrit que la métropolisation est une idéologie. Il faut l'admettre comme telle, alors qu'au contraire, elle est présentée comme un phénomène factuel et rationnel. Or, dessiner une carte relève d'un acte politique. Vous connaissez la sentence d'Yves Lacoste : « la géographie, ça sert, d'abord, à faire la guerre ». Quand on représente quelque chose, on choisit un angle, on ne décrit jamais les faits totalement objectivement.

Avec une carte des métropoles, on part du principe que chaque territoire est intégré à celles-ci, que chacun en bénéficie. Cette représentation corrobore la théorie libérale du ruissellement, selon laquelle les richesses des uns profiteraient mécaniquement à tous. Les fractures se réduiraient ainsi du fait de la péréquation (transferts fiscaux des territoires riches aux territoires pauvres NDLR). Ce raisonnement me semble aussi fallacieux que celui qui pose le numérique comme solution aux disparités territoriales. Bien qu'Internet soit accessible depuis New York ou Guéret, les cadres supérieurs n'ont cessé de se concentrer dans les métropoles.

Le contenu de votre dernier livre semble contredire son titre. J'ai eu l'impression d'un triomphe plutôt que d'un *Crépuscule de la France d'en-haut*…

Bien évidemment, la France d'en-haut reste en-haut ! Mais, phénomène nouveau, la France périphérique ne l'écoute plus. Je parle de « marronnage des classes populaires » car j'observe une désaffiliation progressive des classes populaires. Aujourd'hui, il s'agit d'une population de plus en plus sédentarisée qui ne croit plus les médias, qui n'a plus les mêmes codes, etc.

J'ai toujours cru que la révolte viendrait non pas des banlieues mais de la France périphérique. Mais quelle forme prendra-t-elle ? Si l'on ne veut pas que la France s'effondre, il faut aller dans cette France. Parce que je ne prône pas la lutte des classes, je crois qu'une société fonctionne quand le haut, qui certes bénéficie du système, parle au bas et s'en préoccupe. Un modèle ne fait pas société s'il n'intègre pas la majorité. Et aujourd'hui – c'est pour cela que je parle de « crépuscule » – nous vivons dans un modèle économique qui n'intègre plus la majorité. •

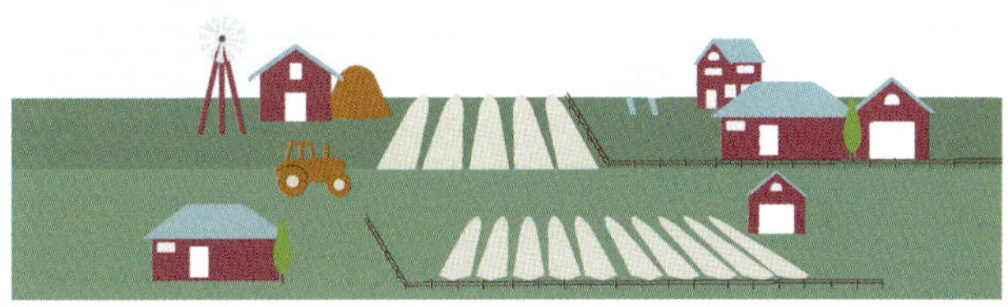

Métropolisation

le grand déséquilibre territorial

La mondialisation a tout changé.
Nos villes aussi : ça s'appelle la métropo.

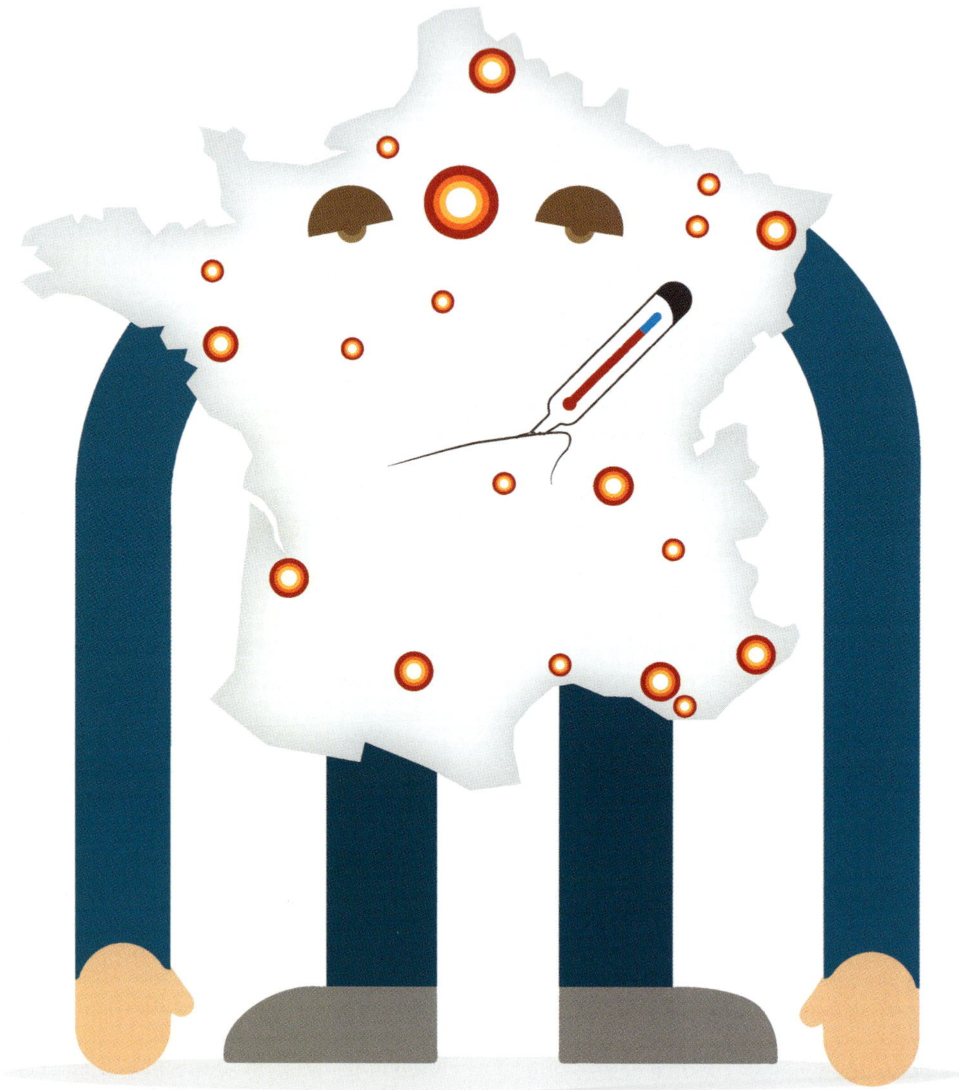

Par Marie SÈVE
Urbaniste, membre des *Altercathos*

Illustrations de Victor CARPENTIER

> **Pour Cynthia Ghorra-Gobin, la métropolisation des villes est la « traduction spatiale et infranationale de la globalisation ».**

Des bouleversements qui façonnent actuellement nos villes, nous n'avons qu'une perception très fragmentaire. Le terme de « métropole » ne paraît désigner, au premier abord, que l'acquisition séculaire, par certaines villes, d'un poids démographique, économique et politique, sur le modèle originel de la métêr-polis grecque (« ville mère », installée à la tête d'un territoire). La récente institutionnalisation du terme par la réforme territoriale de 2014, dotant du statut de « métropole » les 15 principales villes du pays, n'a pas permis non plus de faire ressortir les enjeux propres aux récentes évolutions urbaines. Or, les recherches géographiques des dernières décennies attestent l'émergence d'un nouveau paysage urbain au contact de la mondialisation, dont les effets spatiaux, économiques et sociaux doivent être précisés pour clarifier les choix politiques face auxquels se trouvent nos sociétés. De quoi la « métropolisation » est-elle le nom ?

Un nouvel « âge des villes »

Dans les années 90, les géographes font le constat que la croissance urbaine change de nature : l'ancrage territorial des villes compte désormais moins que leur capacité à intégrer les flux d'échanges mondialisés. Le modèle économique qui s'impose alors – désindustrialisation, tertiarisation, financiarisation puis numérisation de l'économie – induit une accélération des échanges et une concentration des fonctions stratégiques dans les grandes villes, renforçant leur pouvoir et transformant en profondeur leur organisation et leur sociologie. C'est l'avènement des « métropoles ».

Pour Cynthia Ghorra-Gobin, auteur de *La Métropolisation en question* (2015), la « métropolisation » des villes est bien un « nouveau paradigme », la « traduction spatiale et infranationale de la globalisation ». Les grands pôles deviennent plus proches les uns des autres qu'ils ne le sont de leur arrière-pays et dessinent à l'échelle mondiale un réseau de villes fortement hiérarchisé, une « économie d'archipel » qu'a pu mettre en évidence l'ingénieur et économiste Pierre Veltz en 1996. Les relations entre territoires s'effectuent de plus en plus par-delà le cadre des États-nations.

La mise en concurrence de ces pôles urbains sur la scène internationale transforme progressivement les « villes mères » en « business women ». Les pouvoirs publics et les acteurs économiques locaux appuient le phénomène de métropolisation, en particulier en France, dans un contexte de décentralisation, où les pouvoirs métropolitains se structurent en intercommunalités (communautés d'agglomération, communautés urbaines). La mobilisation de ces acteurs permet alors d'asseoir la croissance des villes sur le développement de « fonctions métropolitaines » stratégiques, visant à attirer les Investissements Directs Étrangers, les multinationales et les cadres du secteur tertiaire : conception-recherche, prestations intellectuelles, services aux entreprises, offres de culture et loisirs, infrastructures de transport, etc. Elles développent de savantes politiques de développement économique et de marketing territorial permettant de se vendre à l'international. Depuis le slogan précurseur « Montpellier la surdouée » (1987) jusqu'au slogan de la nouvelle Métropole Aix-Marseille-Provence, « L'audace par nature », les villes s'engagent dans la bataille de l'attractivité. Parfois, l'emploi du terme de métropole relève plus du projet que de la réalité. Bienvenue à « Chambéry métropole Cœur de Bauges ».

Une fracture territoriale peut en cacher une autre

Loin des discours marketing les plus enthousiasmants, la métropolisation dessine aujourd'hui une nouvelle géographie française, toujours plus marquée par la fragmentation et les disparités sociales. S'ajoute à cette fracture territoriale l'émergence de nouveaux espaces de pouvoir encore faiblement démocratiques, peu appropriés par les populations locales alors même qu'ils concentrent les principaux leviers d'action publique.

La France des inégalités se manifeste d'abord au travers des écarts croissants séparant le sommet de la hiérarchie métropolitaine des territoires les plus à l'écart, ne bénéficiant que peu ou pas du tout des retombées de la mondialisation. On reconnaît là le développement d'une « France périphérique », dont le géographe Christophe Guilluy s'est fait le porte-parole.

Au-delà de ce premier constat, opposer une « France périphérique » et une « France des métropoles » ne doit pas jeter le voile sur les inégalités en voie d'aggravation à l'intérieur même des espaces métropolitains. Le géographe Jacques Donzelot a ainsi dressé le portrait d'une « ville à trois vitesses », ne parvenant plus à faire société. Elle apparaît partagée, schématiquement, entre des élites urbaines mondialisées participant à la « gentrification » (embourgeoisement) des centres-villes, des populations précaires de banlieue dont la situation ne cesse de se dégrader et des populations périurbaines réparties entre différents types de quartiers résidentiels selon leur niveau de revenu. À l'origine du renchérissement du foncier et de la hausse des loyers, la métropolisation a accouché d'une société fragmentée spatialement et socialement. Appelées à concentrer toujours davantage les flux et les équipements dans une optique de compétitivité, les métropoles peinent à concilier densité, fluidité et soutenabilité sociale et environnementale. Les pics de pollution sont la manifestation

Loin des discours marketing les plus enthousiasmants, la métropolisation dessine aujourd'hui une nouvelle géographie française, toujours plus marquée par la fragmentation et les disparités sociales.

de phénomènes de congestion touchant aussi bien les infrastructures que le marché du logement.

Enfin, l'un des effets les plus essentiels de la métropolisation réside dans l'avènement de nouveaux espaces politiques. Les échelons de pouvoir traditionnels, dans lesquels se reconnaissent le plus les électeurs (État, mairies), se trouvent dépassés par l'émergence de « territoires métropolitains » élargis, multipolaires, concentrant l'offre d'emplois, de services, de culture et loisirs. Les intercommunalités ne couvrent que la partie la plus centrale des aires métropolitaines mais prennent le pas sur les communes : planification stratégique, transports, développement économique et culturel, transfert progressif de la gestion foncière par la création du Plan Local d'Urbanisme intercommunal, etc. Or, les « communautés urbaines » et autres « métropoles » ne sont encore que faiblement démocratiques (voir sur le sujet les travaux de Gilles Pinson et Philippe Estèbe). Depuis l'élection par « fléchage » des conseillers communautaires jusqu'à l'authentique suffrage universel direct (prévu pour 2020), il reste bien du chemin à parcourir. Lui seul pourrait, pourtant, redonner une dimension politique aux questions sociales métropolitaines.

Hors de la métropolisation, point de salut ?

La métropolisation est-elle inéluctable ? Il est certain que les dynamiques économiques qui l'animent dépassent largement le cadre national et que les métropoles sont aujourd'hui des espaces économiques stratégiques du pays. Ses effets collatéraux doivent cependant nous amener à nous interroger sur la prise en charge politique de la question.

L'action des pouvoirs publics oscille entre opportunisme, accompagnement du phénomène et redistribution des gains. Les 15 premières agglomérations, concentrant 40% de la population et la grande majorité des créations d'emplois, apparaissent comme des réussites évidentes à encourager, jetant dans l'ombre du discours médiatico-politique les espaces perdants de la métropolisation. Au niveau local, la fragmentation du débat démocratique à la commune, recoupant les disparités sociales, joue en défaveur de la prise en compte des effets de la métropolisation.

Deux perspectives s'ouvrent aujourd'hui. Une première revient à penser qu'il est possible d'apprivoiser la métropolisation, en échafaudant par exemple, comme le pense Pierre Veltz, un « réseau métropolitain » français apte à redistribuer la croissance aux différentes échelles. Les sceptiques considèrent quant à eux qu'en tant que traduction territoriale de l'économie mondialisée, la métropolisation doit être combattue par une démarche de « relocalisation ». Une telle option suppose non seulement une réappropriation des leviers économiques par les pouvoirs locaux (relocalisation des activités, économie de proximité, appui aux agricultures locales, etc.) mais également une repolitisation et une démocratisation des territoires. ●

Lyon, la métropole en marche ?

Modèle-type de la métropolisation réussie, la ville a été dotée par la récente réforme territoriale d'un statut sur mesure, instaurant la fusion du département et de la communauté urbaine. Cette disposition pose pourtant question : hyper-concentration des pouvoirs, suppression de l'élection départementale dans le Grand Lyon, absence de suffrage universel direct avant 2020, séparation avec la partie la plus rurale du département… Quoi de surprenant si le Président de la métropole, Gérard Collomb, est aujourd'hui le VRP d'Emmanuel Macron, le candidat des métropoles et de la mondialisation heureuse ?

***Projet Darwin* à Bordeaux**

POURQUOI LES BOBOS ONT PARFOIS RAISON

Par Louis-Jean de BARMON
Reporter indépendant

Photo : © Les Sauvages

***Coworking*, marché bio, *skate-park* géant, temple du *street-art*... bienvenue à boboland ! Certes, mais le projet Darwin représente néanmoins une formidable expérience urbaine écologique. Alors tarte à la crème pour bobos ou modèle à suivre ? Reportage.**

GENÈSE

En 2009, Jean-Marc Gancille, ancien cadre dirigeant chez Orange et Philippe Barre, ponte de la communication, obtiennent l'autorisation d'acquérir 10 000 m2 d'une caserne désaffectée, la caserne Niel, située sur la rive droite de Bordeaux.

Leur souhait : réunir dans un espace « hybride » entrepreneurs, « cultures urbaines », activités sportives, etc. Après plusieurs mois de travaux, le projet Darwin ouvre ses portes. Ce lieu superbement rénové accueille désormais 200 entreprises, 40 associations, un *skate-park* géant, un club nautique, un restaurant, un bar, une épicerie bio, des potagers, j'en passe et des meilleurs. En quelques années, il devient l'adresse incontournable de la vie bordelaise et même au-delà ; des projets similaires vont voir le jour dans d'autres villes.

Mais plus qu'un lieu, Darwin est avant tout un concept (ou un projet, comme son nom l'indique...). Les deux fondateurs ont voulu créer un « laboratoire de transition(s) »...

DES PAROLES ET DES ACTES

Le discours des fondateurs ne souffre d'aucune ambigüité. Ils se déclarent volontiers décroissants et estiment que nous devons « diminuer drastiquement la consommation de ressources matérielles et énergétiques de nos villes, réinventer nos modèles économiques et changer radicalement nos modes de vie. » Cerise sur le gâteau, chez ces promoteurs du *coworking*, nulle adoration du veau d'or technologique : « Innover, oui. Mais pas n'importe comment. Nous sommes persuadés d'obtenir plus de créativité par la modestie du bricolage que par l'arrogance du génie. Plus d'écologie par le low-tech que la high-tech. »

Discours impeccable mais les actes suivent-ils ? Nous ne sommes pas allés vérifier chaque bac de compostage mais la réalité corrobore le discours. Le bâtiment est autonome en énergie, un « darwinien » (personne qui travaille dans les locaux) émet jusqu'à 6 fois moins de CO_2 qu'un salarié tertiaire français moyen, le restaurant est approvisionné à 97% en produits bio, les entrepreneurs sont scrupuleusement choisis en fonction de leur utilité sociale, un atelier de bricolage promeut la réparation des objets plutôt que leur rachat (notamment les motos : les amateurs de Matthew B. Crawford apprécieront !)

Dernier fait en date, en janvier 2017, les 40 associations hébergées par Darwin se sont vues retirer le permis temporaire d'occupation de la friche qui jouxte le bâtiment principal. Celle-ci sera prochainement aménagée en « éco-quartier » par la métropole bordelaise. Les darwiniens, qui se définissent eux-mêmes comme des « hackers territoriaux », n'ont cependant pas dit leur dernier mot sur ce qu'ils jugent comme un projet urbain déraisonnable.

Les bobophobes vont avoir du mal à le reconnaitre mais oui, les bobos (et les fondateurs du projet Darwin assument le terme !) ont parfois des leçons à nous donner. ●

3 questions à Jean-Marc GANCILLE

Co-fondateur de *Darwin*
Directeur de la transition écologique

1/ Darwin, pourquoi ce nom ?

Darwin était un pionnier, il a dérangé les esprits, remis en question les modèles établis. Nous revendiquons son héritage. Confrontés à un suivisme de masse qui montre aujourd'hui toute l'étendue de ses ravages écologiques et sociaux, nous expérimentons de nouvelles voies inspirées de sa théorie : l'évolution des espèces et leur adaptation à l'environnement conditionnent leurs chances de survie. Dans un monde en tensions, au bord de l'effondrement, nous sommes convaincus que la frugalité, les solidarités et le partage sont des valeurs sûres pour demain.

2/ Et la décroissance, c'est devenu bobo ?

La décroissance pourrait être le comble du bobo. Si certains s'en revendiquent pourtant idéologiquement, j'ai rarement croisé de bobo qui envisage sereinement la réduction de son confortable train de vie. La cohérence a ses limites.

3/ Il parait que vous luttez activement contre le « progressisme technologique ». Vrai ?

Notre approche est résolument « low tech ». Nous sommes convaincus qu'on obtient plus de résultats par la modestie du bricolage que par l'arrogance de la technologie.

Centre-ville à vendre

Les centres des petites et moyennes villes se vident de leurs commerces. Pas étonnant si l'on observe la prolifération des « grandes surfaces » périurbaines.

Carcassonne, Vierzon, Bourges, Montluçon… Si vous flânez dans les rues de ces villes de province, vous ne pouvez qu'être surpris par le nombre de commerces fermés. Les pancartes « bail à céder » se succèdent aux rideaux de fer qui semblent définitivement baissés.

On appelle ce phénomène la « désertification commerciale ». D'après une étude de la fédération Procos, syndicat professionnel qui regroupe 260 enseignes, la vacance commerciale s'élevait à 8, 5% en 2014 dans les centres-villes français. Ce pourcentage connaît une augmentation, puisqu'il était de 7, 2% en 2012 et de 7, 8% en 2013. Il dépasse largement les taux dits « normaux » de 5%-6%.

Évidemment, la tendance n'est pas uniforme selon les villes. Outre les spécificités locales (tourisme, âge de la population, revenus médians etc.), les villes petites (moins de 20 000 habitants) et moyennes (comprises entre 20 000 et 100 000 habitants) sont les plus touchées. En 2015, révèle un rapport ministériel, plus de 50% des centres-villes des villes moyennes ont au moins 10% de commerces vides. C'est le cas de seulement 27% des grandes villes, qui continuent d'attirer les investisseurs. La vacance s'y élève à 7%.

Ce taux de 10% s'apparente au seuil critique car à partir de ce stade, précise le même document, on peut parler « d'un déclin structurel de la commercialité du centre-ville ». À Béziers, commune la plus frappée par la désertification commerciale, le taux de vacance s'approche des 25% en 2015 (en hausse de 15 points depuis 2001).

Les causes de cette désertification commerciale sont bien sûr multiples. On pointe notamment le taux élevé de chômage et de pauvreté, l'explosion du commerce en ligne, le coût de l'immobilier du cœur de ville, mais également la baisse de la densité de population en centre-ville et son corollaire, l'étalement urbain, qui s'est traduit par une hausse de la population périurbaine. Or, pour cette population « pavillonnaire », le centre-ville présente souvent des difficultés d'accessibilité (stationnement, prix du parking). Bien souvent, la population d'une ville moyenne privilégie le centre commercial de la grande ville la plus proche (à parfois plus d'une heure de voiture) plutôt que de choisir les magasins locaux de centre-ville.

Qu'il est beau mon Ikéa

Les élus locaux ont compris le phénomène et ont voulu limiter l'attraction des zones de chalandise des villes voisines et donc concurrentes. Séduits de surcroît par la promesse d'emplois des grandes enseignes, ils ont plébiscité l'éclosion de centres commerciaux. Depuis les lois de décentralisation de 1983, ils ont les moyens financiers et juridiques de l'aménagement du territoire. Pratique courante, les élus préemptent des terres agricoles (à un prix dérisoire), les vendent à ce prix à un promoteur, puis d'un coup de

Pour autant, la fin de l'âge d'or des grandes surfaces ne signifie pas le retour en grâce des centres-villes.

baguette magique, amendent le Plan Local d'Urbanisme (PLU) pour transformer les terres agricoles en zones constructibles. Pour les Décathlon, Boulanger et Carrefour, le foncier ne coûte quasiment rien grâce à l'intervention de la municipalité. Ce mécanisme explique notamment comment toutes les villes moyennes se sont dotées de gigantesques zones commerciales. Il y a un Ikéa à Hénin-Beaumont, c'est dire…

Mécaniquement, la multiplication des zones commerciales – d'abord conséquence de la désaffection des centres-villes – en est devenue la cause principale. Les premiers commerces à fermer ont été ceux de l'alimentation comme les boucheries et les poissonneries. D'après le rapport commandé par le ministère du Logement : « la création d'une grande surface supplémentaire pour 10 000 habitants accroît le risque de sortie d'un petit commerce de proximité, deux ans après ».

Aujourd'hui, la dynamique périurbaine elle-même s'essouffle. D'après Procos, la vacance commerciale en périphérie a augmenté de 50% entre 2012 et 2014 : de 4, 6%, elle est passée à 7, 6%. La création de centres commerciaux est proportionnellement supérieure à la hausse de la consommation. Exemple emblématique de cette bulle spéculative, EuropaCity, le gigantesque projet de 80 hectares porté par Auchan dans le Val-d'Oise, se localise à moins d'un kilomètre de O'Parinor et Aéroville, centres commerciaux qui peinent à convaincre le badaud. Pour autant, la fin de l'âge d'or des grandes surfaces ne signifie pas le retour en grâce des centres-villes.

Avant que le rideau ne tombe

Alors que l'État ne propose que des solutions homéopathiques – création d'un site internet pour aider les petits commerçants à mutualiser certains frais, investissement d'un million d'euros pour financer des stratégies de revitalisation urbaine – les professionnels pointent directement « la concurrence déloyale des grands centres commerciaux de périphérie et des sites d'e-commerce ». Pour faire entendre leur inquiétude, les fédérations professionnelles ont réalisé un livre blanc, remis en février 2017 aux candidats à la présidentielle. Ce recueil de propositions suggère notamment un moratoire sur la création de nouvelles surfaces commerciales périurbaines, sur l'exemple de ce qui a été réalisé Angers. Il préconise également une équité fiscale avec les protagonistes du shopping en ligne (Amazon, Price Minister, etc.) lesquels pratiquent volontiers l'évasion fiscale.

Du côté des municipalités, des maires ont lancé diverses initiatives. À Mulhouse a été créée une plateforme pour mettre en relation les bailleurs commerciaux et les enseignes. À Alençon, c'est le levier de la fiscalité qui a été utilisé : une taxe sur les friches commerciales a été instaurée pour inciter leurs bailleurs à relouer plus vite leurs locaux – bien que le mécanisme puisse décourager l'investissement commercial. Autre mesure, appliquée à Épernay : des maires exercent leur droit de préemption sur les commerces vacants afin d'attirer plus de petits commerçants en leur proposant des loyers moins chers. Après le temps des HLM, vient celui des CLM (Commerces à Loyer Modérés) ?

Plus radicaux, les élus EELV de Grenoble ont misé sur un changement de paradigme. Ils tablent sur une ville sans voiture. En pariant sur la convivialité et la qualité de vie, la ville gagne en attrait activité par rapport aux périphéries. Résultat ? Les commerces ne désemplissent pas, bien au contraire. Reste que Grenoble est une métropole attractive. Pour les villes moyennes, le pari de la convivialité doit encore trouver sa voie. ●

Par Laurent OTTAVI
Étudiant en Histoire. Membre de la rédaction de *Limite*

Illustrations de Sarah-Louise BARBETT

Marc Augé

Consommer, c'est enlaidir la ville

Propos recueillis par Laurent OTTAVI
Illustration de Maylis MAURIN
Photographies de Grégoire CROZET

Marc Augé, 81 ans, est un monument de la vie intellectuelle. Anthropologue et ethnologue de renommée mondiale, spécialiste de l'Afrique de l'Ouest et de l'Amérique du Sud, il fut directeur puis président de l'EHESS, devenant ainsi le successeur de François Furet, Jacques Le Goff et Fernand Braudel… Par ses études comparées des différentes sociétés humaines, son travail s'attache à démontrer que la modernité a changé de nature. Elle est désormais « sur-modernité » et celle-ci s'incarne particulièrement dans nos lieux de vie. Pour comprendre ce qu'est une ville aujourd'hui, nous ne pouvions imaginer meilleur professeur.

Vous êtes connu pour vos travaux sur les « non-lieux ». Pouvez-vous définir ce concept ?

C'est le contraire du lieu, que j'avais défini comme l'espace sur lequel nous pouvons lire les relations sociales. Il y a une forte charge symbolique dans un lieu et une profondeur historique reconnue, comme par exemple l'église du village ou le monument aux morts qui constitue pour tous un repère historique. Un lieu est identitaire, relationnel et historique. Un espace qui n'est pas identitaire, relationnel ou historique est donc un non-lieu (ainsi des supermarchés, des gares, des chaines d'hôtels etc.). C'est un espace de communication, mais sans relations sociales.

Il n'y a pas de hiérarchie de valeur entre un non-lieu et un lieu car le non-lieu peut être une libération de relations sociales contraignantes pour l'individualité. Au XIXe siècle, les jeunes gens qui quittaient la campagne voyaient par exemple la ville comme un gain de liberté. Dans les villages d'autrefois, chacun apparaissait dans le regard d'autrui et la ville pouvait apparaître comme un lieu d'anonymat.

Cependant, les catégories de lieu et de non-lieu ne sont pas des absolus. Il y a du non-lieu dans le lieu et du lieu dans le non-lieu. Dans un non-lieu, on ne connait personne mais on peut faire des rencontres.

Prenons l'exemple de l'aéroport. Le voyageur occasionnel suit les panneaux qui lui indiquent où il doit enregistrer ses bagages, ce qu'il fait de manière de plus en plus automatisée. Il voit beaucoup de personnes mais en règle générale il ne leur parle pas. Pour lui, l'aéroport est un non-lieu. Mais pour le voyageur très régulier ou celui qui travaille dans l'aéroport, c'est un non-lieu qui peut prendre des allures de lieu.

En quoi ce concept de non-lieu s'insère-t-il dans un autre de vos concepts, celui de surmodernité que vous préférez à celui de postmodernité ?

La surmodernité, qui porte en elle l'idée de démesure, procède d'une accélération des facteurs constitutifs de la modernité : encore plus d'individualité, une accélération de l'histoire et une surabondance spatiale.

Nous avons le sentiment d'être davantage absorbé par l'avenir que poussé par le passé ! Or la pensée symbolique demande du temps et de l'espace.

Ce que l'on appelle globalisation dit bien que le monde est devenu le synonyme de planète pour une immense majorité des habitants de la Terre : c'est un phénomène très récent à l'échelle de l'histoire. C'est ce changement d'échelle qui est caractéristique de notre époque. La Terre devient un objet où les grands financiers peuvent déplacer leurs capitaux d'un bout à l'autre de la planète en un rien de temps.

Cette triple démesure, et l'idéal d'ubiquité et d'instantanéité à laquelle elle est intrinsèquement liée, produit une multiplication des non-lieux. Ces espaces de consommation, de circulation et de communication s'étendent à l'échelle planétaire, donc, à travers les mêmes chaines alimentaires ou les mêmes chaines hôtelières par exemple.

La surmodernité, qui porte en elle l'idée de démesure, procède d'une accélération des facteurs constitutifs de la modernité : encore plus d'individualité, une accélération de l'histoire et une surabondance spatiale.

La surmodernité produit de l'uniformisation par les non-lieux, ce qui contribue à l'enlaidissement des pays.

Vous parlez de ces espaces de consommation uniformisés qui contribuent à l'enlaidissement du pays. À quoi est-il lié ?

La France n'est pas épargnée par le phénomène de l'explosion démographique, même s'il est moins marqué que dans d'autres régions du monde. J'ai toujours trouvé très suspect notre auto satisfecit sur la « bonne santé » démographique de notre pays.

Pour loger un maximum de personnes, nous avons construit dans le désordre ! Le Corbusier rêvait de faire de la maison un univers en soi, sans avoir à trop se déplacer en dehors, mais ce projet, contestable en soi, s'est trouvé dénaturé par la montée du chômage, de l'appauvrissement de la population et de l'insécurité. Cela a notamment eu pour conséquences le départ des commerçants et la destruction de lieux de vie.

L'architecte Huet faisait remarquer que la banlieue était le lieu de l'improvisation. Il avait aussi remarqué qu'elle avait réussi à pénétrer la ville. D'où des zones sans conception d'ensemble. Au total, ce que l'on appelle l'enlaidissement est lié au manque de lieux et de liens, donc de symboles et de relations sociales.

Saint-Denis est un haut lieu de l'Histoire de France. Nous y avons d'ailleurs construit le stade de France. Pourtant, il y a une gêne quand on parle du « 93 » : nous ne pensons plus à ces symboles. Nous avons le sentiment d'une extériorité. Aller dans le « 93 » aujourd'hui paraît une aventure.

Dans les années 1940, on chantait la banlieue : Joinville-le-Pont par exemple, qui était un lieu pittoresque ! La rupture s'est produite dans les années 1970 avec la combinaison de deux phénomènes : le regroupement familial et le chômage de masse. La population a fortement augmenté. On a alors massifié un habitat destiné à l'origine à des travailleurs temporaires. À une situation de ce genre, l'architecte ne peut pas grand-chose car ce n'est pas une question strictement esthétique.

À la construction de logements, liée à la démographie, sans plan urbain digne de ce nom, et à la question des banlieues, s'ajoute celle de ces zones de consommation à l'extérieur des villes, totalement uniformisées. Ne sont-elles pas justement responsables en partie de l'enlaidissement de notre pays ?

En effet, c'est particulièrement vrai en France. Nous ne pouvons entrer dans les centre-villes, lesquels sont d'ailleurs assez beaux par rapport à d'autres pays, sans avoir à traverser les non-lieux du commerce. Je mets une nuance à ce que je viens de dire : ce ne sont pas *toujours* des non-lieux. En Bretagne, par exemple, des jeunes se retrouvent au supermarché qui fonctionne comme un lieu social commun à plusieurs villages. Mais cela n'enlève rien à l'enlaidissement des paysages.

Si vous allez à Avignon en voiture, pendant des kilomètres vous allez voir des zones commerciales et une multitude de pancartes publicitaires. C'est esthétiquement contestable parce qu'il n'y a pas ici d'autre finalité que la consommation. Nous voyons bien que le problème au cœur de ce que vous avez appelé l'enlaidissement des villes et de leur périphérie est la consommation. C'est le nœud de tout !

Le touriste lui-même est un consommateur aujourd'hui. Hervé Juvin dans* La Grande séparation : pour une écologie des civilisations *(Gallimard, 2013) le distingue du voyageur.

La ville-patrimoine, du fait du tourisme, ne devient-elle pas un espace de consommation sans autre finalité ?

Le touriste est, effectivement, un voyageur de masse. Nous avons l'impression que, face aux paysages ou aux monuments qui les environnent, les personnes sont obnubilées par le fait de prendre des photos et que leur voyage commencera vraiment lorsqu'elles seront rentrées et regarderont les photos qu'elles ont prises. Le touriste moyen donne le sentiment de consommer du paysage, et en même temps nous ne devons pas oublier que chacun a sa manière propre de découvrir le monde et qu'un voyageur sommeille dans chaque touriste.

Il n'empêche que le tourisme de masse nécessite des infrastructures. Tout est fait pour accueillir les personnes et très souvent de façon stéréotypée. Il y a une uniformisation évidente à cause du tourisme de masse, uniformisation que l'on voit à travers la construction des hôtels. Dans le meilleur des cas, ce sont des endroits *d'où l'on voit*. C'est ainsi qu'on a parfois détruit nos côtes. Les touristes sont ravis d'avoir une belle vue, mais ces hauts bâtiments uniformes sont une pollution visuelle pour les habitants.

Marc Augé, pourfendeur des non-lieux, est l'auteur de petits livres personnels, qui sont chacun un hommage à la ville : *Éloge de la bicyclette* (2008) et *Éloge du bistrot parisien* (2015). Mais en fait, ça vient d'où le mot bistrot ?

« Bistrot ou bistro, c'est en premier lieu un mot d'origine incertaine, qui a connu une grande expansion dans le monde, portant haut les couleurs de la France, au même titre que le french cancan ou la tour Eiffel. Le Petit Robert cite deux étymologies possibles, que d'autres estiment douteuses : bistouille, qui à la fin du XIXe siècle dans le Nord de la France désignait un mauvais alcool ou un café mêlé d'eau-de-vie (on reconnait le verbe « touiller »), et le russe bistro (« vite ! ») qui serait un souvenir du passage par Paris des Cosaques assoiffés de victoires et d'alcool. »

Vous parliez d'une absence de plan urbain. N'a-t-on pas plus ou moins inconsciemment pris pour modèle la ville américaine ?

Si l'on pense aux zones commerciales excentrées, c'est effectivement le modèle qui a été appliqué. À Carcassonne ou Avignon, il faut sortir de la ville en voiture pour faire ses courses. Les lieux de consommation sont alignés avec leurs parkings respectifs. Ou bien ils sont assez proches de la ville, ou bien ils sont plus éloignés et constituent souvent des non-lieux qui rognent sur des territoires qui pouvaient être ruraux avant. Alors, on a une bétonisation au seul service de la consommation ! Mais je le répète, en France, il n'y a pas eu de plan : ce sont les impératifs du marché et de la consommation qui ont primé. Les choses se sont faites de manière anarchique.

Il peut y avoir une seconde approche concernant la ville « à l'américaine », avec l'idée de vue sur la ville. C'est quelque chose qu'on ne retrouve pas à La Défense. Nous avons essayé de construire « à l'américaine » mais nous n'avons pas réussi. La ville comme paysage qui existe aux États-Unis ne fonctionne pas chez nous. Il y a eu des tentatives de demi-gratte-ciel dans le XVe arrondissement de Paris mais c'est une manière de faire les choses à moitié. On s'est inspiré, certes, mais on s'est mal inspiré !

Vous avez décrit l'enlaidissement des villes et de leurs périphéries. Au-delà du simple rapport visuel, en quoi peut-il poser problème pour les habitants ?

La ville a un côté éducatif par essence et elle le perd si son environnement visuel se dégrade. Il ne faudrait pas qu'on ait le sentiment de l'histoire au centre de Paris, avec ses monuments, et qu'il n'y ait rien par exemple dans les banlieues. Aujourd'hui, nous avons le sentiment de vivre dans un éternel présent. Or la proximité des monuments, qu'ils aient une charge symbolique nationale ou plus locale, nous préserve de cela. Si nous sommes condamnés à parcourir la région parisienne sans pouvoir apprécier le paysage, nous perdons en degrés de civilisation.

Par quels moyens serait-il possible de réembellir ce qui a été enlaidi ? À quelle échelle faudrait-il agir ?

Il y a un aspect démographique, j'en ai déjà parlé. Il faut agir sur ce point. Il faut aussi s'attaquer au problème du logement pour que personne ne dorme dehors – et cette souffrance des individus participe évidemment de l'enlaidissement de nos villes.

Mais le cœur de la cible doit être la consommation. Peut-être faudrait-il, au nom d'une politique nationale, donner plus de pouvoir au niveau local à ce sujet. C'est l'un des paradoxes de la situation actuelle : les problèmes sont d'ordre global mais les solutions sont locales.

Je pense à plusieurs mesures en ce sens : faire remonter au niveau national les plaintes locales, encourager les initiatives locales positives, et pas seulement celles qui ont une posture défensive (via les associations), créer des comités de surveillance ou de proposition dans lesquels des architectes seraient présents et aient les moyens d'empêcher la dégradation de l'environnement urbain. C'est peut-être la clé, il faut penser un modèle de développement urbain cohérent pour en finir avec une certaine anarchie.

Le vague à l'âme des bâtisseurs

Du Corbusier aux tours de La Défense, la pauvreté esthétique du bâti contemporain en dit long sur notre rapport au passé et la création artistique, devenue pur arrachement à toute forme de tradition. Face à l'enlaidissement du monde, tâchons de redécouvrir les trésors de notre héritage.

Plus rien ne sera jamais comme avant. Dans l'Europe post-hitlérienne, point de salut pour les héritiers. Larguer les amarres ou vivre avec la hantise de nos vieux démons, telle fut l'alternative dans laquelle l'art dut se réfugier après-guerre. Au sentiment de rupture s'ajouta pourtant l'impératif de reconstruction. Reconstruire, mais pour aller où ? Comme écrira René Char, désormais, *« notre héritage n'est précédé d'aucun testament »*.

Figure du modernisme architectural, Le Corbusier donna ses lettres de noblesse à ce nouvel impératif, dont le prédicat – concilier utilité et confort – trouva sa plus manifeste concrétisation dans l'achèvement de La Cité radieuse, en 1952. La société de consommation alors en devenir se mariait parfaitement à son organisation millimétrée, « machine à habiter », comme il la qualifia lui-même, recréant les conditions artificielles d'une microsociété, avec ses couloirs commerçants, ses bars, épiceries et librairies à chaque étage, le tout enferré dans un bâtit sévère et droit, alliant simplicité des formes et rigueur du style.

Le testament du père des « gratte-ciels cartésiens » n'est pas innocent. L'architecte moyen d'aujourd'hui est un ingénieur du logement, un parachuteur de contrées rationnelles : cités dortoirs, barres d'immeuble, blocs de bétons administratifs, zones commerciales… Ces métastases de notre vacuité encerclent nos villes, à défaut d'encastrer l'homme dans le monde. Saturant son espace visuel, elles assèchent tout idéal ; reste le ressentiment de n'être que l'écume du changement, prélude aux velléités destructrices.

Qui a grandi dans cet îlot fonctionnaliste appelé banlieue a-t-il seulement déjà habité sa patrie ? « *Une maison (doit être) comme une auto, conçue et agencée comme un omnibus ou une cabine de navire*, détaille Le Corbusier. *Il ne faut pas avoir honte d'habiter une maison sans comble pointu, de posséder des murs lisses comme des feuilles de tôle, des fenêtres semblables aux châssis des usines. Mais ce dont on peut être fier, c'est d'avoir une maison pratique comme sa machine à écrire.* »

Rien de pire pour une église que de n'être qu'un lieu de villégiature

Des stades climatisés, ersatz de nos antiques colisées, à la Tour Triangle, dont l'atterrissage est prévu dans le XVe arrondissement de Paris pour 2021, la désaffiliation est assumée en projet architectural, comme pour mieux se purger de tout déterminisme géographique, s'évaporer dans les songes de l'interchangeabilité. L'ornementation est conjurée, liquéfiée dans le bouillon de la marmite de l'uniformité. Orphelins de toute continuité, nous voilà donc définitivement assujettis aux sirènes de l'abstraction géométrique ?

Retisser un rapport charnel au bâti

Comme disait Chesterton, « *il faut toujours un riche terreau moral pour tout grand développement esthétique.* » Ainsi Maurice Barrès prit la défense des églises menacées de destruction dans la France de l'après 1905. « *N'allez pas me dire que vous sauvegardez les églises les plus précieuses. Qui peut donc juger de leur prix, et la plus modeste n'est-elle pas infiniment plus précieuse sur place ? Que m'importe que vous conserviez une église plus belle à Toulouse, si vous jetez bas l'église de mon village ?* » Pour Barrès, il s'agissait de sauver l'« *ambiance chrétienne* » qui façonne la « *figure physique et morale de la terre française* », et sans laquelle demain les filles et fils de France bourdonneront à l'obstacle, comme font les mouches, dans les friches de la post-Histoire.

Conservateur, Paul Claudel salua l'entreprise de Barrès, mais non sans quelques réserves. Ce n'est pas tant les murs de nos chapelles que le rapport actif à la tradition que leurs pierres renferment qu'il nous tient de sauver. Non pas tant *conserver* donc que *cultiver* la tradition. Catholique, Claudel pestait contre cet entretien purement sentimental de l'héritage. Lorsque le passé devient « *curiosité respectable* », c'est qu'il a déjà cédé la place à l'outrecuidance. Rien de pire pour une église que de n'être qu'un lieu de villégiature, pour un monument un spot photo, pour un homme, un enfant du siècle 21, perdu dans la succession des générations, déambulant au gré des saisons comme une feuille sur un ruisseau.

C'est parce que l'Homme a des devoirs à l'égard de la Création qu'il n'est point condamné à pleurer la fin des temps heureux. L'avenir se surmonte. Il n'est pas cette quête éperdue du temps échu. L'admiration nous délivre de la fatalité, en dressant nos sens, majestueux anticorps à l'insupportable goguenardise des modernes. Elle rappelle que la grandeur de l'homme réside dans sa capacité à s'incliner devant la grâce de ces concentrés de dons – œuvres artisanales, habitables et monumentales – qui rendent la matière à sa plus haute signification. « *Nous avons connu un honneur du travail exactement le même que celui qui au Moyen-Âge régissait la main et le cœur*, rappelle Péguy. *(…) J'ai vu toute mon enfance rempailler des chaises exactement du même esprit et du même cœur, et de la même main, que ce même peuple avait taillé ces cathédrales.* »

Cette synthèse du lyrisme barrésien et de l'espérance claudélienne, on la trouve dans la transcendance patriotique d'André Malraux. « *L'héritage ne se transmet pas, il se conquiert* », redéployant les sentiments du cœur en souffle civique. Ministre de la Culture, Malraux fit voter une loi de sauvegarde des monuments nationaux ; non pour la « *curiosité des touristes* », mais pour « *nourrir notre communion la plus profonde* », et ainsi, conclut-il dans son discours à l'Assemblée nationale en 1961, « *faire en sorte que tous les enfants de France comprennent un jour que ces pierres encore vivantes leur appartiennent à la condition de les aimer* ».

Puissions-nous un jour, nous aussi, apprendre à nos enfants que le croc dans le fruit défendu est parabole de pudeur, cet architecte de tout perfectionnement intérieur, et que, fils du Ciel et gardiens de la Terre, ils auront pour honneur de bâtir à leur tour ces médiations filiales que sont nos maisons et nos monuments. Là où réside la chaleur du foyer se déploient les vertus de la verticalité. •

Par Max-Erwann GASTINEAU
Diplômé d'histoire et de sciences politiques. Membre de la rédaction de *Limite*

Illustration de Nicolas PINET

FRÈRE JACQUES, ET LA CONDITION OUVRIÈRE

Par Amaury GUILLEM

Avec sa femme et leurs quatre enfants, il a vécu 3 ans en HLM avec l'association Le Rocher qui œuvre au cœur des cités des quartiers Nord de Marseille

CHER FRÈRE JACQUES,

Vous ne me connaissez pas et pour cause : alors que je venais au monde, vous vous en retiriez pour passer à la Trappe. Vingt ans de prière monastique en conclusion d'une vie qui, certes, avait commencé au couvent – juste au-dessus de chez moi, à la Sainte Baume – mais à laquelle vous avez finalement préféré la mission hors les murs. Pour vous, pas de plus grande maladie que l'absence de Dieu. D'où votre immense compassion pour ces mondes si éloignés de l'Église, ceux qui ne viennent plus à elle et ceux – les mêmes – à qui elle ne parle plus : les classes ouvrières, les petites gens, les quartiers populaires.

Parce qu'on ne peut les comprendre et se faire comprendre d'eux qu'en s'y immergeant de façon radicale, pour vivre avec eux une « communauté de destin », vous quittez le couvent et partez travailler sur le port de Marseille en 1941. Docker parmi les dockers. Premier « prêtre-ouvrier », avant même que l'expression existât. D'autres prêtres, séduits par votre démarche, vous rejoignent. Mais très vite, c'est le basculement : le travail au cœur des classes ouvrières les pousse à épouser leurs combats politiques. Les curés s'encartent au parti communiste autant qu'ils vont à la messe – voire plus. Ils chantent l'Internationale comme un nouvel Alléluia. Votre idée géniale est aussitôt torpillée : vous adhérez à une Personne et eux, à des mouvements politisés. Vous prônez l'amour du prochain quand ils s'engagent dans la lutte des classes. Vous êtes conduit par la foi en un mystère qui vous dépasse, alors qu'ils obéissent à une idéologie d'écrasement de ceux qui, pourtant, sont leurs frères. *« Les gens qui prêchent l'union ne manquent pas, mais ce n'est pas une union par la haine qui nous convient. Quelle que soit la rectitude de leurs intentions, ils se trompent, ils n'ont rien compris à l'union, à l'amour, à la fraternité.* Oui, le pauvre est mon frère, mais le riche, qui est un pauvre qui s'ignore, l'est tout autant. Vous refusez de cracher sur le second au nom de la défense du premier. D'ailleurs, après que Pie XII a interdit aux prêtres-ouvriers de travailler – si vous en comprenez les raisons et les déplorez autant que vos autorités ecclé-

siastiques, c'est une immense souffrance : *« Le problème de l'incroyance des masses ouvrières n'est pas résolu pour autant. Où donc ces hommes, qui n'ont pour le prêtre et l'Église que mépris, rencontreront-ils le Christ, pauvre et ami des petits ? »* – vous accueillez dans votre paroisse de la Cabucelle autant les bourgeois que les miséreux. Et vos frères prêtres de la CGT veulent vous chasser pour cela, comme vous chasseront ceux que vous rejoindrez plus tard au Brésil.

Vous dédiez votre vie à cette mission prolétarienne dans la grande ville – Marseille ou Sao Paulo – où l'homme est perdu. *« Main d'œuvre anonyme, locataire plus anonyme encore dans un quartier sans organisation ni personnalité, il a perdu toute protection naturelle. Le prolétariat, c'est cela : cet éclatement et cette dislocation des milieux et des cadres naturels qui, s'emboîtant l'un dans l'autre, avaient jusque-là protégé l'homme.* Aujourd'hui, dans l'immonde jungle urbaine, cet *homme vit en vrac, écrasé, pressé, étouffé, éreinté du poids de tous ses congénères.»*[1]. Vous aviez troqué la soutane blanche pour le bleu de travail, vous auriez pu, las de leurs erreurs, laisser les Rouges pour vous mettre au vert, mais rien à faire : c'est le gris de la ville, de ses immeubles, de ses usines, de ses goudrons que vous voulez écouter. Avec l'absence de Dieu, le manque d'écoute est le plus grand drame du pauvre de la ville, qu'il soit riche ou miséreux : *« Le pauvre, c'est celui qui écoute toujours et que personne n'écoute (...) C'est cela, la racine de toute pauvreté : n'être jamais écouté durant une existence entière. »*[2] Alors vous tendez l'oreille et que vous disent-ils ? Que *« plus les villes se gonflent, plus l'homme est seul, livré sans défense à la masse et à la densité urbaines ».* Que *« tant que le logement restera ce qu'il est, tout effort de régénération sera voué à l'échec, et ce n'est pas seulement une affaire de mètres carrés ou de confort mais aussi d'éducation. »* Et que dans ces quartiers et ces familles sans défense, *« l'enfant pousse comme un plante sauvage (...) Puis vient la tristesse du jeune qui n'attend plus grand-chose de nouveau de la vie. »*

Vous êtes conduit par la foi en un mystère qui vous dépasse, alors qu'ils obéissent à une idéologie d'écrasement de ceux qui, pourtant, sont leurs frères.
« *Plus les villes se gonflent, plus l'homme est seul, livré sans défense à la masse et à la densité urbaines* »

De ce cri de la ville jaillit votre soif d'y faire connaître le Christ, qui un jour toucha votre cœur, vous le jeune athée anticlérical et jouisseur, et qui, seul, sauve le pauvre et le riche, le docker et le patron, là où nos luttes bien humaines échouent systématiquement. Il nous appartient d'annoncer cet Évangile-manifeste, non d'un parti mais d'une Personne qui, loin de broyer les autres, se laisse broyer Elle-même par amour pour eux. Vous invitez à un *« apostolat intégral »* : notre mission de chrétien est politique, sociale et à cause de cela, vous dénoncez les conditions de travail qui ne respectent pas la dignité de l'homme et lui volent le temps de sa vie spirituelle ; mais elle est aussi apostolique : vous vous savez dépositaire d'un message révolutionnaire, celui de l'Amour qui se donne jusqu'au bout et ne pouvez faire autre chose que d'en vivre et de le crier sur tous les toits de vos bidonvilles et de leurs villas bidon.

Alors, frère Jacques, ne dormez plus, réveillez-vous, sonnez les matines, sonnez-nous les cloches ! Car combien parmi nous aujourd'hui vouent les riches à l'enfer au nom des pauvres ? Combien se posent comme défenseurs d'un prolétariat dont ils ne connaissent en fait le visage qu'en cliquant sur *Google Images* ? riez pour nous, père Loew, pour que nous nous mettions à l'école de la Parole, que nous nous enracinions en Celui qui en est la source, que nous cessions un peu de parler du pauvre pour aller en toucher la chair car, comme vous l'écrivez, *« l'action à distance répugne »* tant que nous nous laissions broyer par eux pour participer, à notre échelle, à l'unique véritable libération.

1 En mission prolétarienne, Jacques Loew, Économie et Humanisme (1963).

2 Ce Jésus qu'on appelle Christ, Retraite au Vatican 1970, Jacques Loew, Fayard, 1970.

Chronologie

1908
Naissance le 31 août à Clermont-Ferrand

1934
Jacques tombe malade, lit les Évangiles, se convertit et entre chez les Dominicains

1939
Il est ordonné prêtre

1943
Après trois ans passés à travailler au port de Marseille, il publie une enquête sur les conditions de travail et de vie des dockers.

1946
Jacques Loew rejoint la paroisse de la Cabucelle, puis Port-de-Bouc.

1954
Pie XII interdit aux prêtres de travailler. Jacques Loew fonde la mission Saint Pierre et Saint Paul, pour l'évangélisation du monde ouvrier. Nombreux voyages et nombreux livres publiés.

1968
Il fonde l'École de la foi à Fribourg

1981
Il se retire pour finir sa vie dans des abbayes

1999
Jacques Loew meurt, le 14 février.

Dos

Le Grand Remplacement

(le vrai !)

pages dirigées par Gaultier BÈS

sier

Gaultier BÈS
Alexa NOZAMA
Robin TOUILLON
Pièces et Main d'Œuvre
Paul PICCARRETA
Johannes HERRMANN
Olivier REY
Daniel CÉRÉZUELLE
Simon CHARBONNEAU
José BOVÉ
René POUJOL
Aruna RODRIGUES
Cyrille CHARPENTIER
Romain CUCUEL
Raphaëlle HUBIN
Joseph GYNT
Geoffroy SAILLARD
Félicité de la VILLEJÉGU
Mahaut HERRMANN

Paradis artificiels

« *Vous serez comme des dieux* ». C'est la promesse venimeuse que le Serpent fait à Adam et Ève dans la Genèse. On connait la suite de l'affaire : ils se laissent tenter, franchissent la limite posée par Dieu qui leur avait permis de manger les fruits de tous les arbres, à l'exception précisément de celui-là, prennent subitement honte de leur nudité, sont condamnés à souffrir l'un et l'autre dans leur chair et quittent le jardin d'Eden. Regretter ce paradis originel où tout n'était que luxe, calme et volupté, et prétendre nous en fabriquer un, à notre bon vouloir : c'est à peu près ce à quoi se résume jusqu'à présent l'histoire humaine. Cette formule du Tentateur, Gustave Thibon, philosophe, poète et paysan, en a fait le titre d'une pièce étonnante dans laquelle il met en scène une humanité libérée, grâce à la science, de la servitude de la mort. Mais une jeune fille, Amanda, va se lasser de cet « *aménagement parfait et définitif de la vie temporelle* » où tout est prévisible et lui préférer « *l'inconnu et le mystère à l'état pur* ».

Il existe sans doute mille manières de concevoir un « paradis artificiel ». Les hommes de Babel, après le Déluge, se le représentaient comme « une tour dont le sommet touche[rait] le ciel » ; Louis XIV l'entrevoyait comme un jardin dessiné au cordeau par Le Nôtre ; Baudelaire l'imaginait surgissant des vapeurs du haschich ou de l'opium ; d'autres comme une société entièrement sous la botte d'un pouvoir autoritaire ou parfaitement régie par la main invisible du marché. Dans tous les cas, il s'agit de remplacer notre nature finie par un *état second*, une nature reconfigurée qui nous permettrait de nous arracher à notre condition mortelle en maîtrisant ce qui jusqu'alors nous échappait. La contemplation cède la place à l'amélioration. On ne cultive plus la terre, on la contrôle. Adam ne se satisfait plus d'être humain, et se rêve démiurge, remodelant la vie à sa guise. « *Vous ne mourrez pas* », disait le Serpent. « *On va tuer la mort* », répète Google & Co.

Par
Gaultier BÈS
Enseignant agrégé de lettres.
Directeur adjoint de *Limite*

Vous serez comme des bleus

Le système technicien

Sauf qu'il y a maldonne. Et qu'à chaque fois, les dieux sont dupes. Car la Technique ne tient pas plus ses promesses que le Tentateur : l'humanité, croyant s'émanciper, s'aliène de manière encore plus grave. Trop de technique tue non seulement la technique, qui cesse alors d'être un outil pour devenir un système, mais la liberté elle-même. C'est du moins l'analyse que risquait le philosophe et théologien Jacques Ellul en plein milieu des « Trente Glorieuses » : « *Chaque jour mille nouveautés surgissent. Un monde technicisé se construit autour de nous à une vitesse croissante. Une organisation toujours plus rigoureuse, précise, contraignante, exacte, multiple, enserre dans un filet aux mailles toujours plus denses chaque homme à chaque instant de sa vie. Et nous n'y pouvons rien. Personne ne conduit et ne maîtrise cette prolifération. L'opération déclenchée il y a un siècle et demi se poursuit d'elle-même. Personne n'en n'est plus responsable.* » (*Exégèse des nouveaux lieux communs*, 1966).

La technique n'est pas neutre dès lors que la simple machine se mue en dispositif englobant qui change le monde dans lequel nous vivons, le reconfigurant à sa mesure et à son rythme et rendant l'homme de plus en plus caduc. Nous ne vivons pas dans un monde avec des écrans. Nous vivons dans le monde de l'écran. Pour prendre un exemple simple, c'est aujourd'hui, dans nos sociétés hyperconnectées, un acte militant que de ne pas avoir de *smartphone :* le gadget, d'accessoire pratique, est devenu en quelques années une prothèse indispensable, bien que ruineux. Et cette emprise technique s'étend insidieusement, du fait de notre passivité complice et faute d'alternatives conviviales suffisamment relayées. Les artificiers se font avoir comme des bleus.

Humains, rien qu'humains

Le remplacement systématique du naturel par l'artificiel n'est bien sûr pas qu'un projet de domination technique de la nature dont le posthumanisme à la GAFA serait la pointe avancée. C'est d'abord et avant tout une affaire de gros sous. Car qui dit artificialisation dit commercialisation. La nature se vend mal, l'artefact beaucoup mieux. « *Vint enfin un temps où tout ce que les hommes avaient regardé comme inaliénable devint objet d'échange et de trafic, et pouvait s'aliéner* », écrivait le même Marx. Ce qui était commun est breveté, ce qui était gratuit devient monnayable, ce qui était accessible à tous est réservé à une élite solvable. Il faut payer pour être au calme, pour respirer un air pur, contempler un paysage harmonieux. Les OGM privatisent les semences agricoles, la GPA externalise la grossesse, les algorithmes influent nos sociabilités. C'est vrai que c'est plus performant, ou plus facile, ou plus rapide. Mais c'est plus fade et plus cher.

Entendons-nous bien : nous n'idéalisons pas la nature et nous n'avons rien contre l'innovation en elle-même, nous en sommes souvent, comme beaucoup, les heureux bénéficiaires. Nous ne sommes pas technophobes (elle ne nous fait pas peur), nous sommes technocritiques, parce que nous voulons, face à l'alliance objective de la technique et du marché, garder tout notre libre arbitre. Nous revendiquons notre droit d'user de notre faculté de jugement pour discerner lesquels parmi les progrès techniques sont porteurs d'un authentique bienfait pour les individus comme pour les sociétés, et lesquels ne peuvent que produire un surcroît d'injustice et d'aliénation. Face à la dangerosité de certaines « avancées » technologiques, face au coût environnemental et social de nombreux gadgets présentés comme inoffensifs, ce droit nous apparaît même comme un devoir moral. Nous continuerons à blasphémer contre l'idolâtrie technologique, ce transfert du sacré à la Technique qui constitue, selon Ellul, le premier moteur de notre modernité, parce que nous croyons qu'il en va de notre liberté d'êtres humains. Et ce sont ces conditions d'existence qui nous font hommes et non point bêtes ou robots que nous voulons sauvegarder. Comme l'écrivait déjà Musset au début de la révolution industrielle en semblant anticiper à la fois le cyborg et la pollution généralisée : « *Votre monde est superbe et votre homme est parfait ! / Les monts sont nivelés, la plaine est éclaircie ; / Vous avez sagement taillé l'arbre de vie ; / Tout est bien balayé sur vos chemins de fer ; / Tout est grand, tout est beau, mais on meurt dans votre air.* » ●

Salon des objets électroniques de Las Vegas

Voyage au cœur du techMordor

Par Alexa NOZAMA
Envoyée spéciale à Las Végas

Beaucoup d'encre a déjà coulé sur le *Consumer Electronic Show* : objets connectés, robots de compagnie, smart home et autres innovations « disruptives » qui changeront à jamais la vie de la génération Z... Mais comme il faut le voir pour le croire, je me suis rendue sur place, au milieu de geeks et de startupers du monde entier. Et il n'y a pas de quoi rire.

Homme augmenté ou diminué ?

Las Vegas, alias *Sin City,* ancienne bourgade mormonne et capitale du Nevada, Las Vegas, ses canyons, ses casinos, ses centres commerciaux et... son gigantesque salon de l'innovation. Plus de 200 000 m² d'exposition où s'entassent les dernières trouvailles d'homo technicus. Et où ne manquent pas d'aller les candidats qui se vantent de « balayer tous les conservatismes »...

Pour ma part, j'y vais en néophyte. Et dans tous les stands du salon, j'entends la même promesse : 2017 marque le tournant de l'*Internet-of-things*, et ce pour le plus grand bonheur de l'homme. Au *CES*, en effet, chaque parcelle de la maison est connectée, du lave-linge à la théière, en passant par le verrou de la porte d'entrée et le réveil. On me propose d'éteindre des lampes par simple commande vocale et je peux même régler le thermostat de ma maison fictive ou me préparer un café sans bouger du canapé sur lequel je suis assise. Sur le sol, je vois des jouets pour enfants connectés à une application qui évalue leurs performances tandis que des vêtements intelligents surveillent la température de mon corps. Au stand suivant, on me propose d'essayer un smart réveil connecté à Waze qui me réveillera le plus tardivement possible en fonction des embouteillages. Les applications reliées à ces objets intelligents savent désormais à quelle heure je me lève, quel est mon rythme cardiaque, quelle quantité de céréales je mange le matin, etc. Et s'il me prend la fantaisie de mettre trop de *Nesquik* dans mon bol au petit déjeuner, malheur à moi ! Je recevrais – pour mon plus grand bien – une notification sympathique accompagnée de *smileys* réprobateurs.

Les progrès notables des objets connectés sont unanimement plébiscités par les participants du CES. Quel soulagement de savoir qu'on n'aura plus d'efforts à faire pour vivre chez soi ! Et si nos données sont le prix à payer pour accéder à ces services, il s'agit là d'une rétribution bon marché pour vivre plus facilement. Car, au CES, la plupart des objets connectés sont contrôlés par la charmante *Alexa*, l'intelligence artificielle d'*Amazon*. Si le géant du e-commerce n'avait pas de stand au salon – je l'ai longuement cherché sans le trouver, son omniprésence était manifeste. *« Alexa, lock the door at 5pm »* (malgré son QI très élevé, *Alexa* n'est pour l'instant pas polyglotte), est une demande que satisfait désormais votre porte d'entrée connectée assistée par *Alexa*.

Éthique, où t'es ?

L'absence de réaction des participants du CES quant à la quantité de données ainsi générée et à l'utilisation qui en sera faite est réellement alarmante. *« Qu'*Amazon *connaisse toutes mes données, ce n'est pas grave, je ne suis qu'un individu parmi une foule immense. Et je n'ai rien à cacher ! »* est la parade quasi-unanime qu'on m'adresse pour répondre à mes interrogations. Rien à cacher certes, mais une liberté de choix, d'actions et de pensée à conserver ! Car finalement, c'est *Alexa* (donc *Amazon*) qui commandera et livrera la lessive, le lait ou le café une fois notre stock fini. Sans même parler de l'utilisation que pourrait faire votre gestionnaire d'assurance-vie de telles données…

On me propose d'éteindre des lampes par simple commande vocale et je peux même régler le thermostat de ma maison fictive ou me préparer un café sans bouger du canapé

Au fur et à mesure que le CES progresse, je constate que le scepticisme lié à l'utilisation et à la protection des données est balayé d'un revers de manche. Sur les centaines de conférences proposées pendant la semaine, je n'en trouve pas une qui aborde les questions éthiques avec un regard critique sur la collecte des données personnelles. Aucune entreprise non plus ne mentionne la possibilité de permettre aux utilisateurs d'éteindre la connexion de leurs objets. Exit le droit au silence des puces et des objets connectés. Cela peut se comprendre : la mise en place d'un bouton off impliquerait d'interrompre la production continue de données dont l'accumulation constitue une source considérable de valeur pour ces entreprises (bien qu'elles ne sachent en réalité pas encore très bien comment les exploiter pour améliorer leurs services).

Sur les 3600 stands du salon, j'ai fini par trouver un unique emplacement d'environ 15m² consacré à une association alertant sur les troubles comportementaux des enfants, dus à une utilisation trop intensive des smartphones, tablettes et autres technologies. Les militants de l'association m'ont proposé de répondre à un sondage, d'une quinzaine de questions pour déterminer mon niveau d'aversion à la technologie. Vous n'imaginerez pas ma surprise, lorsqu'à la dernière question, pour m'inciter à donner mon adresse email, l'association me propose d'être tirée au sort pour gagner… une carte cadeau *Amazon* d'une valeur de 250 $!

ATAWADAC

Les robots de compagnie pour personnes âgées et jeunes enfants sont de plus en plus nombreux au CES. Pour les startupers qui travaillent à les rendre de plus en plus mignons et attachants, ces robots permettront aux personnes âgées de repousser leur arrivée en maison de retraite et aux parents débordés de prendre du temps pour eux en confiant leurs enfants à ces nounous 2.0. Bien que les robots soient encore loin d'être opérationnels (pour l'instant, ils continuent de se cogner aux portes et ne comprennent pas très bien ce qu'on leur demande), il est regrettable de rencontrer autant d'engouement à l'idée de confier nos parents âgés à des machines en plastique équipées d'écrans tactiles reliés à Skype. Le plus inquiétant reste peut-être de constater que bon nombre de participants du CES considèrent sincèrement que ces robots réduiront l'isolement des personnes âgées et contribueront à renforcer le lien social…

Vous l'aurez compris, pour s'adapter au monde dans lequel on vit, il faut s'autodisrupter et *« thinker different »*. Si vous voulez briller dans la société startupeuse, n'hésitez pas à dire que le CES 2017 était très *ATAWADAC* (se prononce *« Ah-ta-ouah-dak »*) : *Any Time, Any Where, Any Device, Any Content*. Ce qui, en bon français, revient à se féliciter qu'on puisse rester connecté quels que soient le moment, le lieu, le support et le contenu. Est-ce un progrès ? À vous de juger ! Tous ici, en tout cas, semblent considérer que c'est le seul horizon de bonheur possible pour notre humanité. Si tout n'est pas à jeter, si certaines innovations présentées pourraient indéniablement se montrer bénéfiques, la tendance générale est à l'artificialisation. Se présentant comme un auxiliaire, l'artefact se révèle être un substitut, un gadget, un ersatz. Le monde que le technosystème nous impose (plus qu'il ne le propose) sera peut-être *ATAWADAC* et tout ce que vous voudrez, mais sera-t-il encore, simplement, humain ? ●

Fais GAFA toi !

Quand le numérique colonise nos vies

Par Robin TOUILLON
Illustrations de
Victor CARPENTIER

***« Souvenez-vous de votre vie avant, et voyez comment il s'intègre maintenant dans tout ce que vous faites, pour votre santé, vos amis, vos achats. Il est devenu impossible de vivre sans. »* Sans quoi ? Mais sans iPhone, bien sûr ! C'est du moins ce que prétendait Tim Cook, le PDG d'Apple, en visite en France en février dernier…**

BIG BROTHER EN HOODIES

Il semblerait qu'un nouvel empire, né en Californie, étende son spectre sur toute la surface du globe et sur tous les pans de notre vie. Il s'impose grâce à une propagande incessante, par la prédication de ses « experts », à grand renfort d'expositions, de conférences, d'articles élogieux et d'émissions complaisantes. Il s'impose grâce à la complicité des États, qui, cherchant désespérément à relancer leur croissance à l'aide de l'innovation numérique, s'en remettant à la science pour résoudre tous leurs problèmes, deviennent peu à peu les serviteurs des lobbies et des multinationales. Cet empire, c'est celui des GAFA (pour Google, Apple, Facebook et Amazon) et autres « géants du web » (Microsoft, Twitter, Uber…). Partis de la Silicon Valley, du nom du matériau de base des puces électroniques, ces conquérants 2. 0, non contents de nous vendre leurs gadgets, aspirent à changer notre manière de vivre.

Mais ces nouveaux empereurs ne ressemblent guère à d'affreux dictateurs. En baskets et t-shirt, ils ne jurent que par la créativité, le partage, l'économie collaborative et la liberté individuelle. Ils prétendent benoîtement œuvrer au bien de l'humanité, se présentent comme des messies venus délivrer le genre humain de ses affres séculaires, luttant contre la faim et la maladie (le projet Calico mené par Google rêve de « tuer la mort »). Mais derrière ces airs de sainte-nitouche se cachent des requins aux dents longues. Ils se sont frayés un chemin jusqu'au sommet dans une compétition sans merci : Steve Jobs a ainsi écarté la plupart de ses collaborateurs et dirigeait son *business* en despote. Leur monopole est quasi absolu : Google détient plus de 90% des parts de marché européennes. Ils amassent des fortunes colossales et jouent aux philanthropes tout en échappant aux impôts : on estime que Facebook réussit à réduire sa facture en France de 99%. Ces monarques règnent à vie et décident du cours de notre existence sans être avalisés par aucun suffrage. Nous pourrions rire de leurs fantasmes s'ils n'avaient l'intention, et les moyens, de nous les infliger.

Mais où est le danger ? Le numérique n'est-il pas un outil merveilleux qui élargit notre horizon et multiplie nos possibilités ? Méfions-nous, car

La meilleure façon de dire « non » au transhumanisme est sans doute de dire « oui » à un autre mode de vie

ce que préparent les apprentis-sorciers californiens n'est autre que la marchandisation intégrale de la vie humaine. Grâce au foisonnement des objets connectés, le capitalisme n'a plus de bornes et s'immisce dans nos moindres faits et gestes. Des bracelets mesurant nos flux physiologiques nous recommanderont des régimes alimentaires et notre réfrigérateur passera lui-même la commande. Nos matelas mesureront la qualité de notre sommeil, nos oreillers interpréteront nos rêves. Nous regarderons des vidéos dans la douche, tandis que notre tapis de bain et nos toilettes évalueront notre santé. Nous aurons des puces implantées pour être en permanence reliés au réseau. Nous pourrons même avoir un bras bionique avec port USB et drone intégré. Sans parler des *sextoys* pour l'onanisme virtuel. On croirait de la science-fiction. Ce sont hélas des projets bien réels dont plusieurs sont déjà commercialisés.

HALTE À L'HOMME-PROTHÈSE

À travers ces machinations, c'est l'humain en son essence qui est attaqué. L'intelligence artificielle prétend pallier notre imperfection naturelle. Les algorithmes, jugés plus fiables, sont appelés à se substituer à l'homme dans la prise de décision. La convergence NBIC (c'est-à-dire l'interconnexion des nanotechnologies, de la biologie, des technologies de l'information et des sciences cognitives) permet à la robotique de s'infiltrer jusque dans notre chair. Nous deviendrons, si nous ne le sommes pas déjà, les esclaves de nos machines. Et cette servitude ne nous offre pas même le bonheur qu'elle promet. Car si l'individu constate ses potentialités accrues, il se sent pourtant dépossédé de lui-même. Réduit à l'état de consommateur narcissique et assisté, il se perd dans un divertissement aliénant. La technique qui devait augmenter nos capacités devient une prothèse qui ne compense que superficiellement l'impuissance existentielle à laquelle elle nous condamne.

Face à cette « industrie de la vie », Sadin appelle à un « Grand Refus », le boycott des objets connectés : voiture autonome, assistants numériques sur ordinateur, tablettes à l'école, capteurs en tout genre. Des actes simples suffisent à contester l'hégémonie des GAFA : opter pour un moteur de recherche alternatif à Google (*Qwant* ou *Ecosia*, par exemple), ne pas céder aux sirènes du marketing d'Apple, renoncer au narcissisme de Facebook et des autres réseaux asociaux, préférer le petit commerçant à Amazon, etc. Mais la meilleure façon de dire « non » au transhumanisme est sans doute de dire « oui » à un autre mode de vie. Le défi est de taille : faire primer la joie fraternelle sur le confort matériel, la quête de sens sur la soif de profit. « *Le plus haut point de rupture envers cette société technicienne, l'attitude vraiment révolutionnaire, serait l'attitude de contemplation au lieu de l'agitation frénétique* », disait Ellul.

LA SILICONISATION DU MONDE

Dans cette enquête sur « *l'irrésistible expansion du libéralisme numérique* », Éric Sadin poursuit son décryptage de l'idéologie GAFA. Il attire notre attention sur l'influence de ces multinationales de la *Silicon Valley* qui, grâce à la prolifération des objets connectés et au développement de l'intelligence artificielle, instaurent un « technolibéralisme » totalitaire. Étendant les frontières du marché à tous les gestes du quotidien, il substitue la décision algorithmique des robots au jugement autonome de l'être humain. Face à ces innovations qui pourraient bouleverser notre civilisation et notre humanité, l'auteur appelle à une résistance à la fois personnelle et politique. ●

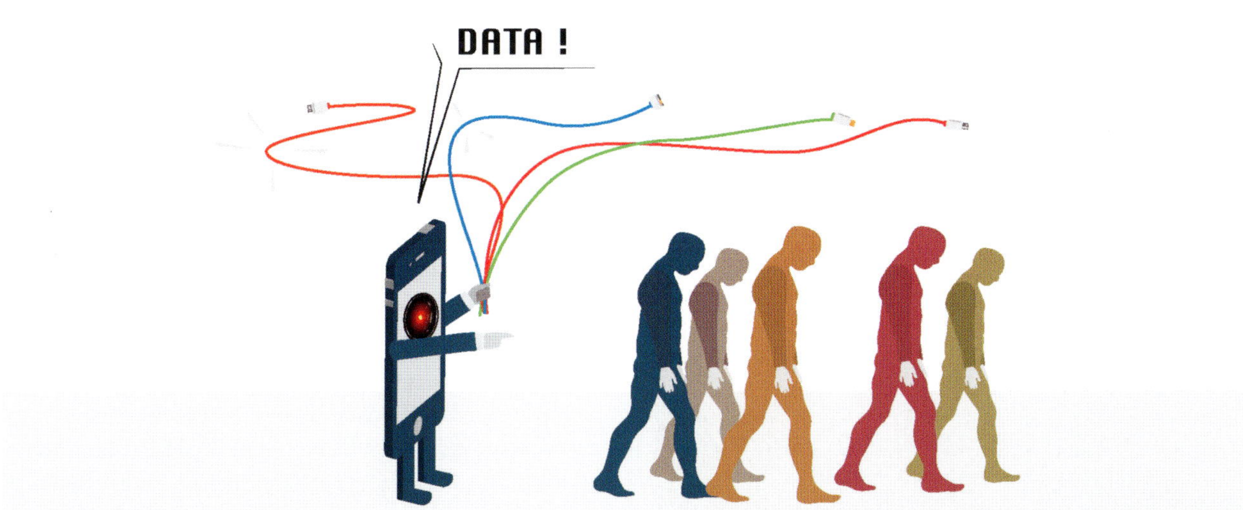

Pièces et Main d'Œuvre

Conquérir son autonomie, ce n'est pas commander une paire d'yeux bioniques !

Propos recueillis par Paul PICCARRETA
Journaliste. Directeur de la rédaction de *Limite*

Illustrations de Guillaume DELOIZON

Ils se font appeler *Pièces et main d'œuvre*. Depuis 2003, ils publient sur leur site internet des enquêtes sur la *Silicon valey européenne*, à Grenoble. Ici, les ingénieurs et les investisseurs planchent sur les nanotechnologies, pièces nécessaires du projet transhumaniste. *PMO*, eux, nous reçoivent tous les trois mois autour d'un verre pour nous livrer leurs ultimes découvertes. À quoi ressemble déjà le post-humain ? Et contre qui (quoi) se battent-ils ? Entretien *tant qu'il y aura des hommes...*

Le projet transhumaniste est clair : l'homme tel que nous l'avons toujours connu, avec deux bras, deux jambes et un sexe doit disparaître pour laisser place au cyborg, ce mélange d'homme et de machine. Ça vous agace pas mal, et nous aussi. Mais pourquoi, au fond, est-il préférable de rester « animal politique », selon la définition que vous reprenez d'Aristote, plutôt que de travailler à l'avènement de cet homme-machine ?

La formule d'Aristote dit ceci : il faut, pour faire un homme, du *donné* – par le hasard, qui est l'autre nom de la nature – et du *construit*, c'est-à-dire une société. D'où la formule d'Erasme, « on ne naît pas homme, on le devient. » Le projet d'homme-machine fabriqué sur-mesure abolit l'inné et le social. La part naturelle et mammifère évidemment, par la reproduction artificielle, le choix des caractères physiques, le contrôle du patrimoine génétique, le changement voire l'abolition du sexe, l'éradication de la vieillesse, bref, les contraintes corporelles. La part sociale et morale par la destruction de la commune condition humaine. La promotion transhumaniste d'un corps à la carte où chacun choisit ses fonctionnalités, détruit en effet la possibilité de se reconnaître en l'autre et de partager cette commune condition. En remplaçant le hasard par la volonté du ou des commanditaire(s), elle supprime cet universel humain de ne devoir à personne nos caractéristiques physiques, et d'être tous voués à une mort inéluctable.

Les anthropophobes préparent la destruction de la société humaine – un anthropocide. À vrai dire, ils n'ont que peu d'efforts à fournir. Les « technologies convergentes » (nanotechnologies, biotechnologies, informatique, neurotechnologies), qui sont le stade actuel du *progrès*, leur fournissent les *moyens* (en grec, *mékhanê*) de leur fin : prothèses, implants, interfaces, etc. La tâche est aisée à ceux qui suivent la pente du progrès technologique.

À l'inverse, voilà les défenseurs de l'humain sommés d'exposer leurs raisons. Une première à n'en pas douter. Le projet transhumaniste est un projet d'arraisonnement de l'Histoire par ceux qui en ont les *moyens*, c'est-à-dire qui aujourd'hui maîtrisent les moyens technologiques. Créer un homme « augmenté », c'est créer en regard un homme « diminué » : celui qui ne peut ou ne veut *s'automachiner*, soit par prothèses électromécaniques, soit par ingénierie génétique. Le monde post-humain est celui où la lutte des classes, sous l'aiguillon de la volonté de puissance, mute en lutte d'espèces. Malheur aux espèces inférieures. En fait d'animaux politiques, les derniers humains seront les « chimpanzés du futur » selon le mot du cybernéticien Kevin Warwick pour désigner la sous-espèce des non-augmentés. Une espèce vouée, comme les chimpanzés, à l'extinction.

Je vous cite : « Les amis de la nature sont d'abord les amis de l'homme, et c'est parce qu'ils défendent celui-ci, qu'ils défendent celle-là. Nous sommes le vrai parti de l'homme ». À Limite, on appelle ça l'écologie intégrale !

« L'écologie intégrale » est la formule que vous avez élue pour désigner votre conception de l'éthique catholique vis-à-vis des rapports entre l'homme et la nature. Quel que soit notre intérêt pour certains livres de Bernanos, Simone Weil, Ivan Illich, et surtout de Jacques Ellul (d'ailleurs protestant), on constate qu'ils n'avaient pas besoin de l'« hypothèse divine » pour produire leurs analyses sur la *machination* du monde et de l'homme. Des athées comme Bernard Charbonneau et Georges Orwell y sont parvenus par leurs propres lumières et sans recours à une quelconque transcendance religieuse. La foi chrétienne et la pensée anarchiste ont simplement servi de *base arrière*, des années trente aux années soixante-dix, à nombre d'individus qui entendaient résister à la broyeuse communiste, sans tomber dans la broyeuse libérale. Nous-mêmes, luddites, laïques et libres-penseurs, nous n'avons pas eu besoin de l'encyclique *Laudato Si'* pour mener nos enquêtes et élaborer notre critique depuis deux décennies – quel que soit notre respect pour l'autorité et l'infaillibilité papales. Mais indépendamment de leur foi, qui est une affaire privée, nous rencontrons avec plaisir, tous ceux qui veulent contrarier le cours du monde-machine.

Mais pour quel homme vous battez-vous ?

Les anthropophobes jouent sur un mépris de soi de plus en plus répandu chez les humains par les promoteurs des machines et objets « intelligents ». Si nos *artefacts* sont mieux adaptés que nous, agissent de façon plus efficace, nous surpassent dans tous les aspects de nos existences, à quoi bon s'accrocher à une forme obsolète ? La solution transhumaniste, c'est la fuite dans une autre espèce. Ce sont les mêmes qui, ayant dévasté notre seule Terre, proposent d'aller saccager de nouveaux mondes. Rien de neuf. Il semble que l'humanité soit dirigée par la lie de l'espèce, violente et prédatrice, et que le reste soit impuissant ou indifférent à s'y opposer, sinon complice. À cet égard, les « post-humains » ne peuvent que se révéler pires encore que leurs concepteurs et prédécesseurs. Les traits sélectifs ayant permis leur triomphe seront nécessairement renforcés et cultivés.

Le poète Hölderlin dit quelque part, « Soyez des hommes et vous n'aurez pas besoin de *Déclaration des Droits de l'Homme !* ». On n'est soi-même que seul. L'individu autonome, c'est d'abord et nécessairement le plus rétif à la part d'aliénation qu'implique la socialisation. Le non-conformiste auquel la société reproche précisément d'être « asocial » (cf. André Gorz, *Individu, société, État*, paru dans la revue *Autogestion n°8/9*, 1982). Voilà d'abord l'homme que nous défendons, celui qui a le goût du silence, de la solitude et de l'indépendance ; qui ne peut faire autrement que d'être soi-même et de se connaître lui-même.

Comment cet homme peut-il être libre dans un monde saturé ?

C'est précisément son écart social, son extériorité, qui lui permet « d'aller contre » et de défendre les hommes socialisés et sursocialisés contre les maux sociaux découlant de leur aliénation au groupe, et de l'aliénation du groupe aux volontés de puissance. Ces asociaux et solitaires, poètes romantiques et théoriciens radicaux, forment depuis la révolution industrielle le vrai parti de l'homme. Ce sont eux qui défendent les peuples aborigènes et les paysans du monde contre la destruction des forêts et des campagnes par le progrès techno-industriel. Ce sont eux qui défendent les ouvriers des usines et les habitants des mégapoles contre les nuisances mortifères. Il faudrait dire, ce sont eux, les asociaux, qui défendent les hommes socialisés contre eux-mêmes et contre les effets de leur aliénation sociale.

Sans doute, y a-t-il une part de *nécessité*, d'hétéronomie, de contrainte extérieure, quand il faut subvenir à ses besoins dans les conditions de vie en forêt ou à la campagne, mais aussi la possibilité de devenir *quelqu'un*, une personnalité particulière, *faisant sa vie*, avec ses mérites et ses traits propres ; et non pas un « homme sans qualité », un individu quelconque, fonctionnel et interchangeable, produit du système technocratique, et à sa merci pour une survie artificielle et machinale.

Le transhumaniste est un individu infantile et capricieux, incapable d'effort et de frustration, qui voudrait la toute-puissance et l'immortalité divines. Humains, nous sommes faillibles mais nous pouvons nous « faire nous-mêmes », nous « réaliser ». Ça s'appelle vivre, tout simplement, et nos aïeux trouvaient cette expérience assez riche en elle-même, et parfois belle, agréable et surprenante, sans avoir à la justifier par un sens quelconque. Elle se suffisait à elle-même, étant son propre sens. Conquérir son autonomie – vivre – c'est autre chose que de s'acheter une paire d'yeux bioniques sur Internet.

Les classes populaires sont les plus perméables au « progrès technologique », mais sont-elles pour autant concernées par l'augmentation hybride qui semble être plutôt promise à une élite ?

La tyrannie de l'efficacité s'impose à tous, et bouleverse le monde, les modes de vie, les relations sociales sans distinguo de classe. Le chômeur comme le banquier doivent faire leurs démarches sur Internet. Ils n'ont pas le choix, s'ils veulent rester dans la société. Essayez de trouver du travail sans téléphone portable. La technologie a détruit la paysannerie, l'artisanat, la classe ouvrière, et s'attaque aujourd'hui aux employés et aux professions intellectuelles. Robots, automates et algorithmes sont chaque année plus efficaces et moins coûteux que la main d'œuvre humaine.

Quant à la consommation de masse des gadgets technologiques, elle ne s'appuie pas sur la demande – nul n'a

La technologie a détruit la paysannerie, l'artisanat, la classe ouvrière, et s'attaque aujourd'hui aux employés et aux professions intellectuelles

demandé de *smartphones*, ni de voiture « intelligente » – mais sur la soumission à l'offre. Le matraquage publicitaire et la consommation ostentatoire sont si normatifs que des petites gens font la queue pour acheter le dernier iPhone. Que des familles populaires mangent mal et paient un téléphone à chacun de leurs enfants. Mais elles ne sont pas plus « perméables » que les classes aisées : il n'y a qu'une différence de « standing » et de « niveau de vie ». Quant aux objecteurs de croissance et anti-industriels, ils se recrutent d'abord parmi les détenteurs du « capital culturel », comme dirait Bourdieu.

L'homme « augmenté », automachiné, doit ses nouvelles *fonctionnalités* à des artefacts. Il dépend de ceux qui les produisent et lui vendent. Seuls les plus riches pourront se payer implants, prothèses, interfaces et interventions génétiques. Les transhumanistes « de gauche » prétendent corriger cette inégalité en réclamant des augmentations « pour tous et toutes », prises en charge, pourquoi pas, par la Sécurité sociale. Mais la Sécurité sociale, avec tous ses avantages, n'empêche ni les ouvriers de vivre en moyenne six ans de moins que les cadres, ni les classes populaires d'être en moins bonne santé que les classes supérieures. La santé à deux vitesses deviendra l'humanité à deux vitesses, ou plutôt, à deux espèces – quoique interfécondes.

À ce propos, vous avez forgé le concept de « population superflue », cette classe de prolétaires qui n'est plus capable de produire quoi que ce soit et qui ne peut pas même consommer. Faut-il éveiller les banlieusards des métropoles et certaines populations rurales à une nouvelle « conscience de classe » ?

Nous enquêtons sur une classe imprévue de la théorie marxiste : la technocratie. Celle-ci ne se réduit pas à la bureaucratie, aux fonctionnaires de Bruxelles ni aux énarques qui peuplent les ministères. La bureaucratie n'est que la branche administrative de la technocratie, classe dirigeante à l'ère du capitalisme technologique, alliage indissoluble des détenteurs de l'avoir, du savoir et du pouvoir. La technocratie est la classe de l'expertise, de l'efficacité et de la rationalité maximales, au service de la puissance maximale. Voyez les profils des patrons les plus riches de l'époque, mais aussi des experts à qui l'on délègue toujours plus le pouvoir de décision : la plupart sont issus des mêmes grandes écoles. Ils appliquent à tous les aspects de nos vies les méthodes de rationalisation technique propres à l'ingénierie. La technocratie, c'est *le pouvoir de ceux qui ont les moyens*, qui détiennent et maîtrisent la technologie – la puissance de notre époque.

Elle est pourtant l'angle mort des analyses de classes, l'absente de la réflexion politique. Tout juste évoquait-on en sociologie dans les années 70 les « nouvelles couches », les fameux ITC (ingénieurs, techniciens, cadres). Richard Florida parle aujourd'hui de la « creative class », mais sans rendre compte du pouvoir réel des technocrates sur nos vies. La technologie, étant réputée « neutre », la technocratie est censée l'être également. C'est un non-sujet politique, une non-catégorie sociale, invisible et transparente. Au mieux, elle serait purement fonctionnelle, en tant qu'agent du Capital, de l'État, de l'appareil de production et d'échanges, etc., *et donc*, une « autre technocratie », comme une « autre technologie », seraient possibles. C'est le *leitmotiv* de la gauche technocratique (rouge, rose, verte) qui pose sans relâche sa candidature à la direction du système, en expliquant tout à fait justement qu'elle en serait la meilleure gestionnaire. Nous pensons à l'inverse que la technologie est le moyen, la machine, des technocrates pour s'approprier le pouvoir, au détriment des sans-pouvoir – même quand ces derniers s'imaginent « la maîtriser » ou « se la réapproprier ». On ne maîtrise pas la technologie parce qu'on a appris à obéir aux procédures de navigation sur le Net, ou de fabrication d'objets en 3D.

Si les classes populaires, les banlieusards et les oubliés du rural ou du rurbain, perçoivent l'emprise technologique sur leur vie (les services publics remplacés par des « applis » ou les effets de la métropolisation par exemple), ils sont comme les autres aveugles à la domination technocratique. En ce sens, oui, une nouvelle conscience de classe est nécessaire ; la conscience des superflus et des sans-pouvoir. Mais ceux-là peuvent-ils former une classe ? Être autre chose qu'une masse ? C'est d'autant plus urgent que se dessine une sortie possible du capitalisme, avec l'automation, l'abolition du salariat, le revenu de base, applaudis de gauche à droite, par les squatteurs anarchistes comme par les capitalistes libertaires. Il y a bien un au-delà du capitalisme avec le passage à une société technocratique et ce sera pire encore.

Dans leurs* Directives pour un manifeste personnaliste, *Ellul et Charbonneau écrivent que la révolution « ne se fera pas contre les hommes mais contre les institutions »... Vous n'adhérez pas totalement à l'idée que la technologie induit des nouvelles formes de comportements aux dépens de ses utilisateurs (Les chrétiens, depuis l'encyclique* Rerum Novarum *appellent cela « structures de péchés »). Pour vous, les coupables ont un nom et une adresse et ne sont pas seulement victimes de la cybermachine.

Précisons : nul ne peut nier que la technologie impose des nouvelles formes de comportements. Il suffit de regarder *fonctionner* un anthropoïde équipé de prothèses électroniques pour saisir à quel point celles-ci le handicapent, l'amputent de ses capacités et le contraignent à s'adapter à elles. C'est même le propre de la technologie, de « révolutionner » nos vies, notre monde, nos corps.

Ce que nous discutons, notamment avec certains exégètes d'Ellul, c'est l'idée d'un processus sans sujet, d'un *progrès* technologique mû par des mécanismes automatiques, par la « force des choses ». On trouve le même

LA LIBERTÉ MENACÉE PAR LE MACHINISME

***La France contre les robots* de Georges Bernanos**

Dès 1947, alors que la Seconde Guerre mondiale est encore dans toutes les têtes, Georges Bernanos entrevoit la prochaine grande menace contre notre civilisation. L'écrivain craint que la « civilisation des machines » détruise à terme la liberté. Selon lui, « le danger n'est pas dans les machine », ni « dans la multiplication des machines, mais dans le nombre sans cesse croissant d'hommes habitués, dès leur enfance, à ne désirer que ce que les machines peuvent donner ». La « civilisation moderne », qu'il perçoit comme « une conspiration universelle contre toute espèce de vie intérieure », risque d'emprisonner l'homme, ses désirs et surtout sa pensée. Il prophétise alors que « l'État Technique n'aura demain qu'un seul ennemi : [...] "l'homme qui croit à autre chose qu'à la technique" ». Il n'est cependant pas fataliste et pense que les Français, peuple « tout hérissé de libertés » depuis le XVIIIe siècle, sauront se révolter contre le danger que représente le matérialisme.

Kévin Victoire

À l'ère de la technologie toute-puissante, beaucoup sacralisent la machine

réductionnisme chez les disciples de Marx à propos du capitalisme. Le « système automate » serait cause de tout, les individus n'étant que des pions interchangeables, jouant leur « rôle » dans une partie déjà programmée dans/par le système. Eichmann est l'archétype du « pion interchangeable », toujours cité en exemple et toujours réfuté par George Guingoin, Germaine Tillion ou des jeunes Allemands de la Rose blanche.

L'expression « on n'arrête pas le progrès » est le reflet populaire de cette croyance en un phénomène surnaturel. Selon Ellul, les humains sacralisent la puissance. À l'ère de la technologie toute-puissante, beaucoup sacralisent la machine. Cependant l'existence de luddites, « décroissants », objecteurs de conscience prouve qu'on peut penser autrement. Ce qui nous donne la capacité de dire « non » et d'envisager un changement de situation, c'est le fait que d'autres hommes – les technocrates – sont responsables de ce qui nous arrive. Nous sommes dans un rapport de forces entre pouvoir et sans-pouvoir, et, en effet, ceux qui décident ont un nom, une adresse, une fonction qui leur permet de décider. Prenez Jean Therme, l'ex-patron du Commissariat à l'énergie atomique de Grenoble, responsable du CEA au niveau national. Ce Savoyard, qui habite un village du Grésivaudan, a impulsé les projets nécrotechnologiques grenoblois depuis 20 ans : Minatec (nanotechnologies), le pôle de compétitivité Minalogic, Clinatec (nano-neurotechnologies), Giant (extension de la ville-centre et création d'un gigantesque quartier et campus techno-scientifique), on en passe. Jean Therme dirige aussi l'équipe qui définit, pour la Commission européenne, les « *Key enabling technologies* », c'est-à-dire les secteurs à développer en priorité, à coups de programmes d'investissements européens et nationaux. Des milliards d'euros dirigent la recherche dans certains domaines choisis en fonction d'intérêts stratégiques : les objets connectés, les nanotechnologies, la réalité augmentée, mais non l'agriculture biologique.

Face à cet asservissement à l'idole-Machine, quelles sont nos chances ?

Jean Therme, que nul n'a jamais élu, et dont aucun de vos lecteurs n'a sans doute jamais vu le nom, décide de notre avenir avec les technocrates de son groupe. Il est responsable de ses décisions. Comme disait Geneviève Fioraso, ex-adjointe au maire de Grenoble, ex-ministre de la Recherche : « Il nous fait courir, mais on suit ». Fioraso, elle aussi, est responsable de ses choix. On pourrait imaginer que Jean Therme revienne à ses moutons, que les élus ne « suivent » pas, que le peuple se révolte contre l'artificialisation de sa vie, boycotte les gadgets connectés, fasse la grève des achats, cela ferait une différence. Selon Retz, « il y a de la révolte à imaginer qu'on puisse se révolter. » Nous propageons cet imaginaire de la révolte. L'asservissement n'est pas fatal tant qu'il reste de l'imaginaire, c'est-à-dire de l'Histoire.

Si la situation limite objectivement le cadre de l'action humaine, elle ne limite pas sa capacité *à la transformer*. À trouver des voies imprévues pour en sortir. C'est ce facteur humain, irréductible jusqu'à présent, qui fait la différence. Et il en sera ainsi tant que le projet technocratique de maîtrise totale, au moyen du *Big data* et des implants cérébraux, n'aura pas substitué « *l'administration des choses au gouvernement des hommes* », selon le vœu d'Engels et de Saint-Simon.

Face à la progression du capitalisme technologique, des résistances se mettent en place. Élever des poules en Ardèche, courir toutes les ZAD de France, monter des revues et publier des livres… Si toutes sont utiles, aucune n'est suffisante. Le philosophe Günther Anders, critique du monde machine se disait « désespéré », mais continuait d'écrire par nécessité morale. Vous, où puisez-vous votre espérance ? Pourquoi continuez-vous ?

Ah oui, l'espérance, « cette prière que les hommes adressent à l'avenir. » Franchement, on s'en fiche. On ne croit ni à la prière, ni à l'avenir, ni à l'espoir, ni au désespoir. On n'attend rien. Il est minuit dans le temps et nous tâchons de vivre contre ce temps. C'est-à-dire de bien faire ce que nous croyons devoir faire. Saint-Exupéry en 1942 : « Je tiens pour peu de chose le courage physique, et la vie m'a enseigné qu'il est un courage véritable : celui de résister à la condamnation de l'ambiance. Je sais moi, que j'ai été autrement courageux en ne déviant pas du chemin fixé par ma conscience (…) » (cf. *Écrits de guerre 1939-1944*) Nous, les résistants au cours du temps, nous sommes en apparence d'assez risibles marginaux et réduits à la simple expression. Elle est tout ce que nous avons et pourtant, nous la croyons capable de renverser le cours du temps, si nous en comprenons toute la puissance et les modalités. Ce ne sont pas des armées qui nous envahissent – la résistance serait facile – ce sont des idées, *l'air du temps*, sous forme de biens, de marchandises, de services, de divertissements. Seules les idées peuvent vaincre les idées et d'une foule faire des hommes. Si nous voulons transmettre à nos contemporains l'héritage de notre humanité, soyons des hommes et cultivons notre humanité. *Produisons des idées :* c'est-à-dire des formes, des modèles, des exemples. Ceux que vous citez prouvent qu'il est possible de dire « non », et ils sont précieux à ce titre. Les idées sont plus puissantes que la technologie. Leur propriété virale en fait le plus efficace des vecteurs. Une idée qui s'empare des têtes devient une force matérielle. Soudain, parce qu'une idée a voyagé de cervelle en cervelle, vous avez sur les bras des millions de doses de vaccins contre la grippe

H1N1 – ou de compteurs Linky. Nous n'avons fait depuis deux décennies que produire des idées et les mettre en circulation. Si nous avons réussi quelque chose, c'est à propager – dans un nombre trop restreint de cerveaux – l'idée que la technologie c'est de la politique sous un autre nom : la *véritable politique* de notre temps, à l'ère du capitalisme technocratique.

Nous devons penser pour agir ; et faire penser pour faire agir. N'oublions jamais Germaine Tillion, internée à Ravensbrück, menant une enquête sur le camp pour en expliquer les rouages à ses camarades.

Vous écrivez que les nouvelles formes d'inhumanité ne progressent que du fait de notre faiblesse spirituelle. Pour lutter face à l'ennemi transhumaniste, suffirait-il d'une bonne bibliothèque et d'un monastère cistercien ?

Nous ignorons ce qui suffirait. Nous avons évoqué ce qui nous semblait nécessaire. Au fond, votre question signifie, « c'est bien joli les livres, les idées, mais concrètement quelle pratique ? Quelle action politique ? Qu'est-ce qu'on fait ? »

Or la vraie politique, et surtout dans l'état de décomposition actuel, se moque de « la politique ». Elle agit en amont pour n'avoir pas à réagir. Elle travaille sur les conditions de l'action afin de vaincre – sinon sans combattre – du moins en ayant créé et réuni au mieux les conditions favorables. Le thème gramsciste de « l'hégémonie culturelle » est devenu un lieu commun des idéologues de droite à gauche, mais le plus souvent, ce qu'ils entendent par là se borne à l'emprunt de formes néo-populaires (BD, rock, rap, radios, fanzines, sites Internet) afin de diffuser des contenus « politiquement corrects » ; et au dévoiement d'idées adverses par des penseurs de plus en plus rabougris.

On voit aussi le travail d'« islamisation par le bas » mené depuis des décennies par les frères musulmans, l'encadrement local de la population que pratiquaient autrefois l'église et le Parti communiste, à travers leurs réseaux d'œuvres sociales, et qui produit aujourd'hui une « contre-société » dans l'ex-banlieue rouge.

Il ne peut y avoir d'émancipation des cœurs et des esprits que par un mouvement de refondation intellectuelle et morale, bien plus vaste et profond que celui de la Troisième République, après la débâcle de 1870 – nous sommes beaucoup plus bas. La société a pris acte de la faillite scolaire de l'État. Il se crée huit cents écoles privées par an, dont bon nombre sous contrôle confessionnel. Soit l'inverse de l'émancipation. Ce que nous avons proposé dans le texte que vous mentionnez (*Machines arrière ! Des chances et des voies d'un soulèvement vital*) va bien au-delà. Il s'agit de sauver tout ce qui peut l'être ; de généraliser un mouvement de restauration des savoir-faire et des savoir-penser, déjà existant et épars, en instituant une éducation populaire, du meilleur niveau et pour le plus grand nombre. D'ouvrir des maisons partout, vouées à la conservation, à la restauration, à la culture de tout ce que ruine et détruit le vandalisme marchand et technocratique. Pardonnez-nous de ne pas développer ici, ce que nous avons dit ailleurs : « Nous devons nous *ré-humaniser*. Nous ne pouvons nous relever que de la pensée et du passé : non pas commencer une œuvre nouvelle, mais réaliser l'œuvre ancienne avec conscience. Nous devons, au rebours du malheur et des calamités, qui mettent à sac toute bonne littérature depuis que « nous sommes tous américains », restaurer les humanités et la connaissance des langues mères (les français anciens, langues d'oc et d'oïl, latin, grec, etc.) ; restaurer la transmission, qui est d'abord la transmission du rêve, de l'œuvre et de la mémoire de l'humanité. » ●

Banque de données, guerre des projets

La nature sous pression

Par Johannes HERRMANN
Ornithologue.
Membre de la rédaction de *Limite*

**Illustrations de
Sarah-Louise
BARBETT**

Pour mesurer ses évolutions et faire face à son effondrement, le big data s'empare de la biodiversité. Mais c'est une arme à double tranchant : d'indispensable matière première à la protection d'un patrimoine commun, la donnée devient enjeu d'une guerre de pouvoir où les associations s'épuisent. À quel prix ?

De la mésange au graphe

Quelque part entre Cluny et Beaujeu, de jeunes mésanges sont nourries par leurs parents. Frédéric, ornithologue bénévole, pianote sur son smartphone : Rontécolon/Cenves (69) : 7 Mésanges boréales / 2 adultes, 5 jeunes, code atlas 16. Au même instant, Monique saisit de son côté les « obs » du jour dans son jardin : un verdier, deux merles, un rougequeue…

Chaque année, des millions de données transmises par des milliers d'observateurs, surtout bénévoles, rejoignent ainsi les bases participatives des associations de défense de la biodiversité. Elles passent ensuite au crible du regard de vérificateurs. Une formidable somme de connaissances pour fonder analyses et prises de position. Le Martin-pêcheur est-il menacé dans la Loire ? Y a-t-il des tritons sur le tracé d'un grand projet ? Examinons les données. Agrégées, synthétisées, elles servent aussi à élaborer les atlas et « listes rouges » des espèces en danger. De la mésange au graphique, un colossal travail de collecte et d'analyse, basé sur un vaste réseau citoyen.

Avec les sites participatifs « Visionature », tels que *faune-iledefrance.org*, *faune-drome.org*, etc., l'observateur saisit, mais aussi consulte. Ces plateformes séduisent les naturalistes amateurs, qui transmettent en masse et en continu. Jamais les associations n'ont disposé d'une telle masse d'informations pour éclairer leurs choix, leurs combats.

Le local en lambeaux

Au point de perdre le contact du terrain réel ? « Au contraire, explique Patrice Franco, directeur de la LPO Rhône, ces sites sont un lieu où l'on partage ses données. On peut consulter ce qu'ont vu les autres en temps réel. Cela crée une convivialité, un réseau. D'autre part, le contributeur sait qu'une donnée importante, comme un nid d'espèce menacée, sera tout de suite prise en compte par l'association, qui fera le nécessaire. »

Connaître pour protéger efficacement. À l'échelle de l'association locale, la base est un outil qui guide les choix, les priorités. Faire équiper une ligne électrique de balises anti-collision d'oiseaux, lancer une enquête sur une espèce… Plus réactive, plus efficace, l'association est plus proche et mieux ancrée dans son terrain.

À condition toutefois que l'outil reste à taille humaine. Deux impératifs pour cela : un territoire assez petit – département, région – pour que l'analyste le connaisse de visu ; et que cet analyste lui-même soit aussi observateur de terrain ou très proche. Enjeu de taille, question de coup d'œil, que nulle machine ne peut remplacer. Plus le territoire étudié s'étend, plus l'analyste perd de vue le « ressenti de terrain ». Au lieu de l'homme qui interprète, c'est l'algorithme qui calcule, aveugle, sur des jeux de données énormes. C'est lui qui conclut, parfois en dépit du bon sens. Quand l'humain déserte, le vivant trinque. Et le dernier nid d'hirondelle, réduit au rang de statistique non significative, disparaît.

À l'heure où les moyens manquent et forcent à prioriser, ce risque est constant. Les associations locales, connaissant leur terrain, doivent sans cesse lutter pour conserver la maîtrise de l'analyse de leurs propres données, garante d'une protection efficace du patrimoine écologique commun. Car leurs bases sont devenues un trésor qui excite désormais les convoitises.

La guerre des bases aura bien lieu

La donnée brute devient objet de pressions et de tentatives de coups de force. Notamment du côté des porteurs de grands et petits projets inutiles, qui pourraient alors librement produire l'analyse de leurs choix, gardant certaines données, dédaignant les autres, bref, servant leur propre objectif. Le tout en prétendant s'être « appuyé sur les données des associations ». On voit ainsi des pressions sur l'auteur d'une donnée prouvant la présence d'une espèce gênante pour un projet. Ou des études d'impact ayant choisi d'avance les espèces à citer, et tant pis pour celles qui sont sur le terrain, mais pas sur la liste.

Au premier rang de ces assoiffés de données, on trouve les services de l'État. Si ce dernier tenait la donnée, son pouvoir serait absolu. Les associations en viennent à protéger leurs bases, à refuser de céder les données brutes, de peur de mésinterprétation, mais aussi à devoir monter, à leurs frais, leur propre portail, leurs propres sites de restitution, comme vitrine de leur compétence, tandis que l'État monte le sien avec ce qu'il a… et de l'argent public. Avec des vues de plus en plus politiques et pas toujours écologiques.

Quand l'humain déserte, le vivant trinque. Et le dernier nid d'hirondelle, réduit au rang de statistique non significative, disparaît

« L'État est lui-même à l'initiative de projets à fort impact sur la biodiversité, rappelle Patrice Franco. S'il contrôle la donnée et son analyse, quelle neutralité, quelle indépendance des conclusions peut-on en attendre ? » Il faut certes rappeler avec force les liens qui unissent le monde associatif au Muséum national d'histoire naturelle, producteur national d'analyses solides et d'indicateurs fiables, comme les listes rouges des espèces menacées de France. Mais demain ? L'État-porteur d'un projet d'autoroute, l'État-financeur, écoutera-t-il ses lanceurs d'alerte, sans la pression d'ONG indépendantes capables elles-mêmes d'analyses et de synthèses ? Or, pour répondre à la pression étatique, celles-ci sont de plus en plus tentées de surenchérir, d'agréger, de fusionner leurs bases en fichiers monstres, qui perdent de vue le local. La biodiversité d'un terroir, d'une région, finit broyée dans l'engrenage d'enjeux nationaux.

Cette guerre feutrée autour du Big Data à poils ou plumes échappe au citoyen, et même, souvent, à l'observateur-contributeur. Il y va pourtant de l'avenir même de la biodiversité, de nos écosystèmes. Qu'y peut-il ? Participer, à son échelle. Observer, se former, découvrir la nature autour de lui, transmettre à son tour, et suivre, avec les associations, le devenir des données. Observer, faire connaître et protéger, c'est l'affaire de tous. Jusque dans son jardin. ●

Orgasmatron

sous les progrès : la rage

Par Olivier REY
Mathématicien et chercheur en philosophie au CNRS. Diplômé de Polytechnique.

Qu'y-a-t-il de commun entre un jardin et un parc d'attraction ? Dans les deux cas, la nature est domestiquée. Mais ces deux formes d'artificialisation n'ont pourtant rien à voir : l'une cultive, l'autre recrée ; l'une civilise, l'autre déshumanise.

Coopération ou destruction

On dit que le diable est dans les détails. Il aime en effet à s'y glisser. Ses tactiques, cependant, sont nombreuses et le démon montre également un goût marqué pour la démesure. Il entreprend alors de subvertir le bien en renchérissant sur lui, il s'emploie à pousser les conduites louables et les dispositifs bénéfiques à des extrêmes où ils se muent en mal. Ainsi de l'artificialisation du monde et des existences. À qui s'inquiète de la dimension mortifère de cette dynamique emballée, les amis de l'artificialisation sans limite rétorquent : « l'homme est par excellence l'être de l'antinature » (Luc Ferry, *Le Nouvel Ordre écologique*, Grasset, 1992). D'où il s'ensuivrait que plus celui-ci artificialise, plus il est humain, et que toute objection contre ce mouvement est, au fond, une objection contre l'homme lui-même, un anti-humanisme. Ce qui est dramatiquement ignoré dans l'affaire, c'est que l'essence d'une activité et le caractère de ses effets changent avec l'échelle : ce qui est humanisant à un certain stade peut devenir déshumanisant à un autre. Considérons, pour fixer les idées, deux tableaux américains peints à la même époque, au tout début des années 1830. Le premier, œuvre de Grant Wood, s'intitule *Young Corn*. Les paysages d'une Amérique rurale – avant l'explosion de la mécanisation et la constitution d'immenses exploitations – que Wood, natif et habitant de l'Iowa, a souvent donnés à voir, n'ont rien de sauvage. On est très loin du wild. Au premier plan de *Young Corn*, l'espacement régulier des plans de maïs sur le champ labouré témoigne de l'emprise humaine sur la terre. Plus loin la route, les haies, les clôtures, l'éolienne, les personnages qui prennent soin des plantes… En même temps, les courbes féminines du terrain sont là pour nous rappeler qu'avant de domestiquer la nature, nous en sommes issus, et que c'est elle qui nous nourrit. Ici, l'action humaine n'est pas arrachement à la nature, mais collaboration avec elle. Très différent est le paysage peint par Charles Sheeler dans *American Landscape*. Là, plus question de collaboration : toute trace de l'existence de la nature avant l'intervention de l'homme est vouée à disparaître. L'« arraisonnement » du réel doit aller à son terme, la réquisition se veut totale. Dans les deux cas, une « artificialisation » est à l'œuvre, mais selon deux modalités extrêmement différentes. Ne pas les distinguer est absurde.

Des idées aux usines

Comment passe-t-on d'une forme d'artificialisation à une autre ? La science moderne a recouvert le monde d'un « vêtement d'idées » – un vêtement de théories mathématico-symboliques qui, pour le regard scientifique et ingénieur, s'est substitué au monde de la vie. C'est ce qu'a montré Edmund Husserl dans *La Crise des sciences européennes et la phénoménologie transcendantale* (1954).

Grant Wood, *Young Corn*, 1931

Pour les Modernes, la technique est ce par quoi ils entendent aménager à leur guise leur séjour dans un monde qui n'est que matière première, sans forme propre avec laquelle composer

Dans un premier temps, cette substitution a pu paraître bénigne : pour le profane, rien n'avait changé. Mais les changements n'ont pas tardé à se produire. Comme l'a remarqué Hegel : « Le travail théorique, j'en suis chaque jour plus convaincu, réussit mieux dans le monde que le travail pratique : dès qu'une révolution se produit dans le royaume de la représentation, la réalité effective ne tient plus en place » (*Lettre à Friedrich Niethammer*, 1808). C'est ainsi que le vêtement d'idées, d'abord diaphane, s'est rapidement opacifié – se faisant vêtement d'« infrastructures », de rails, d'asphalte, de zones industrielles…

Pareille transformation a eu une condition matérielle : les moyens techniques de plus en plus puissants que le développement scientifique moderne a permis d'élaborer. Elle a également eu une condition morale : une « démoralisation » de la nature, légitimant toutes les interventions sur elle, sans limites. Pour les Anciens, le tout était cosmos, c'est-à-dire, au sens premier du terme, un ensemble bien ordonné, harmonieux. De même pour les Médiévaux : le monde était création de Dieu qui, à chaque étape de son entreprise, avait contemplé son œuvre et jugé que « cela était bon ». Pour les Modernes en revanche, le monde est un objet placé hors du bien et du mal (particulièrement hors du bien). Cette neutralisation autorise toutes les prédations, toutes les transformations – et même les appelle. Pour les Anciens et les Médiévaux, la technique, en prolongeant les œuvres de la nature, en perfectionnant certaines d'entre elles, devait aider les hommes à jouer convenablement leur partie au sein du cosmos ou de la création. Pour les Modernes, la technique est ce par quoi ils entendent aménager à leur guise leur séjour dans un monde qui n'est que matière première, sans forme propre avec laquelle composer. Non seulement le déploiement technique ne rencontre face à lui aucun bien déjà là, à accueillir et respecter, mais il revêt lui-même un tour moral, en tant que vecteur du bien à introduire dans un monde qui en est dépourvu.

De la maîtrise à la déprédation

Dans une telle perspective, souligne Rémi Brague, « la technique est une forme de morale, et peut-être même la vraie morale » (*La Sagesse du monde, Histoire de l'expérience humaine de l'univers*, 1999). Toujours plus d'artificialisation, pour toujours plus de bien sur la Terre ! En 1924, dans *Littérature et Révolu-*

Charles Sheeler, *American Landscape*, 1930

tion, Trotsky a eu le mérite, naguère, d'indiquer le programme avec l'emphase qu'on lui connaît : « La foi pouvait seulement promettre de déplacer des montagnes, la technique qui n'admet rien "par foi" les abattra et les déplacera réellement. [...] L'homme dressera un nouvel inventaire des montagnes et des rivières. Il amendera sérieusement et plus d'une fois la nature. Il remodèlera, éventuellement, la terre, à son goût. » Trotsky prévoyait la construction de « palais du peuple sur les hauteurs du mont Blanc ou au fond de l'Atlantique ». Inutile, pour les libéraux, de prendre des airs supérieurs et de railler les fantasmagories communistes : leurs ambitions sont les mêmes – quitte à remplacer les palais du peuple par des VIP lounges.

L'exploitation illimitée de la nature tourne au désastre. Inutile d'opposer à cela que nous bénéficions d'un « niveau de vie » sans équivalent dans l'histoire, d'un confort inconnu de tous nos prédécesseurs et que le développement continué permet à des milliards d'êtres humains de venir à l'existence et de sortir de la pauvreté. Ces résultats sont acquis au prix d'une dilapidation insensée des ressources naturelles et culturelles qui nous avaient été léguées et quelques siècles d'exubérance industrielle laisseront derrière eux une Terre dévastée. Au point que désormais, certains n'imaginent plus d'autre façon de continuer l'aventure humaine qu'en allant coloniser une autre planète. Mais la nôtre aura été stérilisée bien avant que les techniques extrêmement sophistiquées nécessitées par les voyages interstellaires aient pu être mises au point. Pourquoi la technique, si précieuse et indispensable à l'humanité, se transforme-t-elle en vecteur de mort ?

Quand le bébé se fait bête

La première raison est une question d'échelle. Quand la nature est sollicitée au-delà de ses capacités de régénération, elle dépérit. Et plus elle dépérit, plus la violence démesurée exercée contre elle fera retour vers le monde humain – nous n'en sommes, à cet égard, qu'aux prodromes. Par ailleurs, au fur et à mesure que le projet de domination totale de la nature se déploie, se révèle le vice qui l'habite. À la fin du XIXe siècle, Ernest Renan annonçait : « Le grand règne de l'esprit ne commencera que quand le monde matériel sera parfaitement soumis à l'homme. » (*L'Avenir de la science*, 1890). Toute une bourgeoisie progressiste se pâmait à ce genre de prédiction. Mais dans l'affaire, une chose est soigneusement laissée dans l'ombre : qui est cet « homme » à qui le monde sera parfaitement soumis ? Non pas les hommes en général, évidemment, mais certains hommes, imposant leurs volontés à tous. Question suivante : ces hommes, qui entendent soumettre le monde matériel, par quoi sont-ils mus ? Visent-ils à inaugurer le règne de l'esprit ? Il faut être d'une rare stupidité pour le croire. Ce qui est à l'œuvre, c'est bien plutôt une rage de domination,

Joe Petagno, *Motörhead : Orgasmatron*, 1986

qui trouve son origine dans la mégalomanie infantile, dans des fantasmes régressifs de toute-puissance. Derrière l'acharnement contre la nature et la promotion d'une artificialisation toujours plus grande, ne se trouve pas l'Esprit imposant sa forme au monde, mais un retour de *His Majesty the Baby* rêvant d'assouvir ses pulsions. La façade est lisse, plastifiée, mais ce qui s'agite dans l'arrière-boutique, ce sont des monstres immatures, d'autant plus dangereux qu'ils mettent la puissance technique à leur service. Veut-on s'en faire une image : jetons un œil à celle qui accompagne le disque Orgasmatron, du groupe de heavy metal *Motörhead*[1]. La symbiose entre la machine et le plus archaïque. Voilà la véritable figure de l'artificialisation sans limite : non pas l'apothéose de l'humain, mais la régression vers l'infra-humain.

1. Disque sorti en 1986. « Motorhead » désigne, en argot américain, un accro aux amphétamines. L'umlaut ajouté sur le second « o » est là pour ajouter au nom du groupe une coloration teutonique, avec les connotations brutales que cela comporte – pour « faire méchant ». Quant à *Orgasmatron*… mais cette note n'a déjà que trop duré.

La bête humaine ?

Hegel a vu dans le sphinx, à corps de lion et à tête d'homme, le symbole d'une humanité peinant à se dégager de la nature. « L'esprit de l'homme fait un effort pour sortir de la forme brute et stupide de l'animal, sans arriver à une représentation parfaite de la liberté, à une forme pleine de vie et de mouvement, parce qu'il doit rester encore mêlé et associé à des éléments étrangers » (*Esthétique*, 1835). Ce caractère hybride rend le sphinx énigmatique. C'est pourquoi les Grecs ont fait de lui un poseur d'énigmes. Mais Œdipe trouve la clé : l'énigme n'est pas dans le sphinx, elle est dans l'homme lui-même, et elle se dissipe quand celui-ci accède à la pleine conscience de lui-même. L'esprit humain s'émancipe des éléments bestiaux auxquels il demeurait agrégé, tandis que le sphinx disparaît en se jetant du haut d'une falaise. Juste avant d'accomplir l'exploit, Œdipe avait tué son père. Sans doute cette rupture dans la filiation était-elle nécessaire pour qu'il pût résoudre l'énigme. Plus de père, esprit désaliéné, pleine conscience de soi-même. Sur quoi débouche cette émancipation totale ? Il faut poursuivre l'histoire – ce que Hegel se garde de faire. Œdipe, accueilli en héros à Thèbes, se marie avec sa mère. Autrement dit : retour au collage de bébé à sa maman. Tout ça pour ça… En commettant l'inceste, le héros porté au pinacle enfreint un interdit constitutif de l'humanité. On ne saurait mieux exprimer que l'arrachement à la nature, pour être pérenne, doit demeurer partiel. En se voulant complet, il se résout en son contraire. ●

La conscience des mutants

***Bernard Charbonneau face* à la Grande Mue**

Par Daniel CÉRÉZUELLE
Sociologue et directeur scientifique du *PADES*
(programme autoproduction et développement social)

« Ce n'est pas d'un dimanche à la campagne dont nous avons besoin, mais d'une vie moins artificielle. » Né en 1910, Bernard Charbonneau a toujours eu la conviction que son siècle serait, en même temps et pour les mêmes raisons, celui du totalitarisme et du saccage de la nature. Moins connu que son ami Jacques Ellul, autre pionnier de l'écologie intégrale, il a cherché sa vie durant à défendre une certaine idée de la liberté. Sa pensée nous offre de nombreuses armes pour résister au règne de l'artificiel sans diviniser la nature.

Nature et liberté

En 1937, Bernard Charbonneau fait circuler dans les cercles personnalistes un manifeste intitulé : *Le sentiment de la nature, force révolutionnaire*. Il y dénonce « les masses et les empires » qui écrasent l'autonomie des individus et des communautés au nom du sacro-saint progrès technique. Contre l'artificialisation de l'existence qui caractérise notre civilisation industrielle, il prône une « réintégration de la nature dans notre vie » pour faire naître « une société nouvelle » qui « ne ressemblera pas plus à un impossible Moyen-Âge qu'à la machine à habiter de Le Corbusier ». Contre « les mythes monstrueux et les foules infinies qui les adorent », il affirme que « toute révolution véritable simplifie la vie de l'homme, lui permet d'avoir plus de prise sur les objets, de mieux tendre la main vers son prochain. »

Dans un monde qui tend à devenir totalement organisé, c'est-à-dire sous contrôle, la protection de la nature est une nécessité non seulement pour éviter des désastres écologiques et assurer la sécurité de l'humanité, mais aussi pour protéger le besoin humain de liberté. En effet, être à la fois naturel et spirituel, l'homme a un besoin vital de rencontrer une nature hors de lui, pour y éprouver charnellement sa liberté ainsi que la richesse du monde. À ce besoin, l'ère industrielle ne peut répondre.

Protéger l'homme de lui-même

Il ne s'agit donc pas tant de sauver la nature pour elle-même que de préserver les conditions d'existence d'une humanité libre dans une nature vivante. Charbonneau n'a jamais été l'apôtre d'une sacralisation de la nature, et il ne croit pas qu'il y ait pour l'homme une manière « naturelle » de vivre, qui définirait une fois pour toute la bonne vie. Ce n'est pas la nature « en soi » qu'il convient de protéger : sa puissance cosmique dépasse infiniment l'homme et les galaxies n'ont nullement besoin de son respect. L'homme peut désormais se détruire biologiquement et spirituellement, mais il ne peut détruire la nature. Si l'homme introduit dans la biosphère des perturbations trop importantes, c'est toujours le jeu imperturbable des lois de la nature qui rendront la Terre inhabitable pour l'homme.

La nature est invincible, c'est l'homme, capable de liberté, qui est fragile. Charbonneau redoute que l'imprudence et l'inconséquence humaines favorisent une réorganisation de la nature, qui de toute façon, produira de nouveaux équilibres, équilibres dans lesquels l'homme libre n'aura peut-être plus sa place. Charbonneau n'a jamais idéalisé le passé et ne nous propose pas un retour en arrière. Il ne rejette pas le progrès technique car il n'y a pas de liberté sans exercice d'une puissance. L'homme doit mobiliser la puissance de son esprit et de sa technique pour créer dans la nature un espace de liberté. Toutefois, dans un monde limité, le développement indéfini de la puissance

Henriette et Bernard Charbonneau dans leur maison de Saint-Pé-de-Léren (64)
(photographie publiée avec l'aimable autorisaton de Simon Charbonneau)

Rien n'ayant jamais été donné pour rien sur Terre, si l'homme prétend s'émanciper totalement de la nature, il pourrait bien le payer d'un contrôle social total. C'est pourquoi, aux menaces de catastrophes entraînées par l'exploitation sans frein de la terre s'en ajoutent d'autres provoquées par les réactions de la matière humaine écrasée sous le poids croissant de la machine sociale, par le malaise physique et spirituel de l'homme qui ne peut tolérer de bonheur que le sien et non celui qu'on lui fabrique dans les laboratoires et ministères. Ce paradis auquel ne manque que la part de la nature et de la liberté, du corps et de l'esprit, ne peut être qu'un enfer. Mais l'échec même, écologique et humain, de ce « progrès » ne peut que le mener à se renforcer. Pour contrôler les dangers de moyens de plus en plus puissants et fragiles parce que complexes, gérer un espace et des ressources qui s'épuisent, prévoir et maîtriser les réactions humaines qui empêcheraient de le faire, on est obligé de renforcer l'organisation. On est contraint de tout connaître, tout calculer, tout prévoir pour ce qui est de la nature et de l'homme. Et comme le phénomène dépasse les frontières, seule une organisation – un État – mondiale, gérant l'ensemble planétaire par ordinateur, peut éviter le désastre. Dans le meilleur des cas, l'homme ne se serait dégagé d'une nature totale que pour se livrer à une autre, totalitaire.

Bernard Charbonneau, *Le Feu vert*, 1980

matérielle et de l'organisation sociale risque d'anéantir la liberté de l'homme.

La Grande Mue *de l'humanité*

La Première Guerre mondiale puis la montée des totalitarismes ne sont que des préfigurations partielles du danger qui menace désormais l'homme : la mise en place d'une organisation sociale totale. Si Charbonneau affirme que le « sentiment de la nature » est une force révolutionnaire, c'est parce qu'il pense que la disparition des campagnes et le saccage industriel des milieux naturels sont inscrits dans la logique de fonctionnement de la société moderne. Et cette logique ne résulte pas seulement de la recherche égoïste du profit qui caractérise le capitalisme. Le « technocapitalisme » contribue à l'artificialisation du monde, mais il ne la crée pas. Il en est l'un des vecteurs les plus puissants, mais il n'en est pas l'origine. Elle vient de plus loin et de plus profond, et sous-tend également les progrès de l'État. C'est pourquoi elle anime non seulement les sociétés libérales, mais les sociétés totalitaires, communistes ou fascistes, qui ont toutes un idéal productiviste.

Protéger la nature, c'est donc œuvrer pour une réorientation de la civilisation et pas seulement pour un changement de gouvernement ou même de régime de la propriété. En s'appuyant sur l'analyse des évolutions sociales et politiques dont il a été le témoin pendant les années 1930 et 1940, Charbonneau pose déjà les pro-blèmes de la technocratisation de la vie sociale et politique, de la dégradation rapide des milieux naturels, de la liquidation de l'agriculture paysanne, des propagandes et des médias, de la transformation de la culture en une industrie du spectacle, etc. Pour lui, il s'agit de manifestations, liées entre elles, d'un processus de fond qu'il appelle la Grande Mue de l'humanité. Celle-ci se caractérise par la montée en puissance accélérée du pouvoir d'agir des hommes dans tous les domaines, et pas seulement dans le domaine de la production économique. Le progrès des sciences et des techniques a permis un accroissement de la puissance humaine sur le monde matériel, ce qui a rendu possible le décollage de la croissance économique et de la production industrielle de biens de consommation.

La volonté de puissance

Mais cette montée des appareils de puissance a une autre dimension : ce nouveau pouvoir d'agir s'exerce autant sur les réalités matérielles (le corps humain inclus) que sur les réalités sociales. Il réorganise en effet les comportements des individus et des groupes grâce au fonctionnement impersonnel de l'État. Économique, technoscientifique, organisationnelle, ces trois dimensions de la puissance sont des manifestations d'un processus unique, qui se prépare depuis longtemps et dont l'accélération depuis la naissance de la civilisation industrielle en Europe entraîne un bouleversement complet de la civilisation, et cela sur toute la planète : « L'État, c'est la machine, ou plutôt l'État et la machine ne sont que deux aspects d'un même devenir. Dans leur tâche unificatrice, l'industrie et l'État convergent vers un même but. Aujourd'hui ils sont sur le point de se confondre. Dans la guerre moderne, la puissance de feu, c'est la puissance industrielle. La concentration économique entraînée par le développement du machinisme impose, tôt ou tard, la centralisation politique. Le règne du grand capital ne fait que précéder celui de l'État. Parce que la même raison profonde meut leur progrès : une volonté de puissance matérielle. ».

Charbonneau a recours à cette notion de mue pour désigner un processus de transformation qui est fondamental, en ce sens qu'il affecte non seulement tel ou tel aspect de l'organisation de la société, mais aussi la condition humaine dans son ensemble. Il a la conviction d'assister à l'émergence d'une nouvelle civilisation, phénomène qui par son ampleur et ses conséquences est comparable à la « révolution du néolithique », liée à l'invention de l'agriculture. À bien des égards, cette « Grande Mue » correspond à ce qu'on appelle couramment la « révolution industrielle ». Mais pour Charbonneau, cette notion relève d'un point de vue économiste qui sous-estime les facteurs culturels, politiques et spirituels. Sociologiquement trop partielle et historiquement trop courte, elle suggère que l'essentiel des bouleversements du monde contemporain découlent des transformations économiques engagées au XIXe siècle.

Vers la totalisation sociale

Cette Grande Mue se caractérise par une accélération de la montée en puissance du pouvoir humain dans tous les domaines et par un mouvement de totalisation, auquel elle tend d'elle-même, par la force des choses, c'est-à-dire selon une nécessité qui se déploie de manière impersonnelle et indifférente aux projets humains. L'exemple de la Première Guerre mondiale montre que la course aveugle à la puissance exige la saisie de toute la population, de toutes les ressources industrielles, agricoles et forestières, de la totalité de l'espace aussi bien que de la vie intérieure des peuples, à qui on demande non seulement de participer par leurs actes, mais aussi de consentir intérieurement au conflit et même de justifier la logique anonyme qui va les détruire.

Ce que Charbonneau craint, c'est qu'une triple compétition, politique, économique et technique, finisse par contraindre les hommes à se soumettre à une organisation totale qui seule pourrait les sauver du chaos social et écologique, mais au prix de leur libre-arbitre. « Parce que notre puissance s'élève à l'échelle de la Terre, nous devons régir un monde, jusqu'au plus lointain de son étendue et au plus profond de sa complexité. Mais alors l'homme doit imposer à l'homme toute la rigueur de l'ordre que le Créateur s'est imposé à lui-même. Et le réseau des lois doit recouvrir jusqu'au moindre pouce de la surface du globe. En substituant dans cette recréation l'inhumanité d'une police totalitaire à celle d'une nature totale. »

Le mouvement même de la modernisation expose donc l'humanité tout entière à un risque d'une nature nouvelle : pour échapper à sa soumission originaire à la nature, les exigences du progrès conduisent l'homme à se soumettre à une « seconde nature », qui serait sociale cette fois-ci, et tout aussi inhumaine que la première. La déshumanisation par l'organisation totale, « l'inconcevable fin d'un monde parfaitement clos dans ses frontières » : tel est pour Charbonneau l'enjeu d'une montée en puissance sans contrepoids. C'est pourquoi nous devons apprendre à maintenir un équilibre entre deux exigences également nécessaires mais pourtant contradictoires : d'un côté, nous libérer de la nature en exerçant un pouvoir sur elle, et de l'autre, choisir de limiter notre puissance sur elle par besoin d'être libre dans la nature. « Nous ne pouvons pas esquiver notre condition, notre chance n'est pas plus dans le progrès que dans le retour à la nature. Elle est seulement dans un équilibre précaire entre la nature et l'artifice, que devra toujours maintenir la veille de la conscience », conclut-il dans *Le Jardin de Babylone* (1969). ●

D'un Charbo à l'autre

Marquée par les horreurs du XXe siècle, des tranchées à Hiroshima, de l'hitlérisme au stalinisme, la pensée de Bernard Charbonneau correspond-t-elle encore aux réalités de ce début de XXIe ?

Mon père a été un pionnier parce qu'il a su déjouer les illusions du progrès et décrire la course à la puissance résultant de l'association de l'État et de la Technique. Maître, avec son ami Ellul, de ce qu'on a appelé le « personnalisme gascon », il a fait très tôt le lien entre crise écologique et totalitarisme. Que dirait-il aujourd'hui ? Dans l'ensemble, on peut dire que les analyses de mon père ont été confirmées, d'autant que le contexte que nous vivons aujourd'hui ressemble par de nombreux côtés à celui des années 30, en particulier au plan international avec la multiplication des guerres et la course aux armements qui en résulte. Mais notre époque marque une accélération considérable de ce triple phénomène, l'urgence écologique, l'emballement technologique et l'expansion d'organisations technocratiques tant publiques que privées.

Restent des réalités contemporaines nouvelles qui ne pouvaient être observées à son époque, en particulier l'effacement de l'État-Nation devant la globalisation, c'est-à-dire la libre-circulation planétaire des moyens techniques, économiques et financiers disponibles. D'où l'essor d'un néolibéralisme sans limites, représenté par de nouvelles firmes multinationales comme les GAFA, plus puissantes que les États, et qui alimentent un déferlement technoscientifique, source de chaos et de régression sociale. C'est ainsi qu'aujourd'hui, du *World Trade Center* à Fukushima, nous nous retrouvons dans un monde complétement déboussolé. Nous voici tragiquement entrés dans l'ère de ce que Günther Anders appelle « l'obsolescence de l'homme ».

Simon Charbonneau,
maître de conférence honoraire à l'Université Bordeaux-I

José Bové

Faucheur de robots

Propos recueillis par Paul PICCARRETA
Illustrations de Maylis MAURIN
et Nicolas PINET

Occuper la première place du marché mondial de la robotique : tel est le but avoué du programme SPARC, auquel la Commission européenne a décidé de consacrer 700 millions d'euros d'ici 2020. Mais cette « technoffensive » n'est pas que scientifique et commerciale, elle est aussi philosophique et juridique. Rencontre à Strasbourg avec l'eurodéputé José Bové, démonteur de cyborgs.

Un rapport sur la robotisation a été débattu au Parlement européen le 14 février...

Le rapport est fou. L'objectif de ce texte est de considérer comme une personne électronique tout robot qui prend des décisions autonomes et qui agit de manière indépendante avec des tiers. Il faudrait donc créer une identité juridique pour les robots ! On crée de toute pièce un droit pour des personnes électroniques afin de pouvoir débattre de ces questions avec eux. C'est assez extraordinaire : on ne considère plus le robot comme un outil appartenant à une technologie nouvelle, mais comme une personnalité juridique.

Cela peut s'expliquer par des situations nouvelles créées justement par la technique...

Exactement ! C'est tout le problème que pose la voiture autonome. Imaginons qu'une telle bagnole soit face à un gamin qui traverse au hasard, et qu'il y ait un cycliste qui arrive de l'autre côté, sur sa gauche. Si elle va tout droit, elle écrase le gamin ; si elle tourne, elle écrase le cycliste. Et si elle part à droite, elle va dans le mur ! Que choisit la voiture si elle n'est pas reprise en main ? Et puis qui est responsable en cas d'accident ? Celui qui pilote l'engin ? Celui qui l'a construit ? On a affaire à des nouvelles réalités juridiques. Et c'est bien pour cela que le Parlement européen veut légiférer dessus sans réfléchir aux conséquences que cela entraine. Légiférer sur les robots, c'est donner encore plus d'autonomie à « l'intelligence artificielle ». On s'amuse à se faire battre aux échecs, au jeu de go, au poker, et au fur et à mesure on construit quelque chose d'artificiel qui va finir par avoir des droits. Certains parlent tout bonnement « d'éduquer les robots » pour les rendre responsables et rentrer dans les cadres juridiques. Nous sommes en train de construire de façon totalement artificielle un fantasme. Et ce fantasme est écrit noir sur blanc dans le rapport que j'ai entre les mains [NDLR : le rapport est en ligne sur le site du Parlement européen]. Mais ça n'est pas arrivé tout seul. Derrière, il y a bien sûr des lobbies, ceux de l'industrie mondiale, de la *Silicon Valley*, et puis ceux du mouvement transhumaniste. Notre rôle au Parlement est de combattre ces lobbies.

Quand vous devez mener la bagarre contre des groupes de pression aussi puissants, quelle stratégie utilisez-vous ?

Tout cela est tellement nouveau. Mon premier réflexe, c'est de me poser la question très simplement : est-ce qu'on a affaire à un robot ou à une personne ? Si la réponse vous semble évidente, c'est qu'il faut creuser encore, affiner votre pensée. Car ceux qui mènent la bagarre, en face, pensent les machines comme des personnes. C'est une extrapolation très forte de l'autonomisation de la technique. Deuxièmement, je renvoie à un autre débat de fond en posant la question : « Tout ce qui peut être fait doit-il être fait ? ». Est-ce que l'on doit donner un nouveau droit ou est-ce qu'on s'arrête là ?

Ce débat sur le droit des robots, qui a débuté ici il y a un an, sur quoi va-t-il aboutir ?

Je pense que ça va être voté majoritairement, même si je me bats pour qu'il ne le soit pas. Nous ne sommes pas nombreux à réfléchir à ces questions-là. Tout le monde communie dans le progrès technologique. Tenez, pour Benoit Hamon, il faut taxer les robots pour financer le revenu universel. C'est très révélateur de l'esprit du temps. On part du postulat que de toute façon les machines ont déjà remplacé le travail humain. D'une certaine façon, le nouveau combat luddite est là.

GARDAREM LOU LARZAC !

« L'affaire » commence en 1971 avec l'annonce de l'agrandissement de 3 000 à 17 000 ha, du camp militaire du Larzac. La région est considérée par le gouvernement comme un désert rural alors même que depuis 1965 de jeunes agriculteurs s'y sont installés pour relancer une activité essentiellement pastorale liée au Roquefort. 103 paysans font le serment de refuser de vendre leurs terres à l'armée. Le Larzac devient la « vitrine de toutes les contestations » portées par l'extrême gauche, les mouvements alternatifs, féministes, pacifistes ou antinucléaires, sans que les paysans perdent jamais la maîtrise de la lutte. Dix ans marqués en 1973 et 1974 par des rassemblements gigantesques de 100 000 marcheurs sur le Larzac, puis par la montée en tracteur des paysans sur Paris où les accueillent 40 000 manifestants. Élu le 10 mai 1981, François Mitterrand décide l'abandon du projet, comme il s'y était engagé.

René Poujol

On n'arrête pas le progrès...

On peut dire aussi « On arrête, on réfléchit » : c'est une possibilité ! Cela s'est fait pour les biotechnologies, pas longtemps certes, mais cela s'est fait. Aux États-Unis, ça se fait autour du nouvel outil *Crispr-Cas9*, le ciseau génétique. Mais le problème est que nous sommes sous l'emprise de la loi de Gabor, qui veut que tout ce qui est techniquement réalisable se fasse tôt ou tard.

C'est le moteur du capitalisme...

Non, c'est d'abord le moteur du productivisme. C'est par la séduction et l'attractivité que la technique s'impose. L'Union Soviétique le savait bien, qui faisait parfois mieux que les capitalistes. Par exemple, ils ont vidé la mer d'Aral pour faire du coton. Ils ont rasé les villages d'Ukraine pour faire des kolkhozes. Et d'ailleurs, qui est venu à leur secours pour entreprendre ce projet ? C'est Caterpillar, venu donner un coup de main à Staline. L'entreprise américaine a découvert à ce moment-là que la propriété privée avait un seul défaut, c'est qu'elle limitait l'espace. Les Soviétiques n'avaient pas ce problème ! Tout cela pour vous dire que, non, l'idéologie principale ne s'appuie pas sur la question du rapport du capital au travail, comme chez Marx. L'idéologie de notre temps, c'est la technique. Le moteur central aujourd'hui, c'est la technique. L'aliénation planétaire, c'est la solution technique, celle qui dit que chaque problème a sa solution technique. Et nous, nous disons qu'il faut sortir de cette aliénation pour préparer la prochaine révolution.

La technique est l'idéologie de notre temps, la véritable alliénation planétaire. Il faut sortir de cette aliénation pour préparer la prochaine révolution

Vous avez presque tout appris auprès du philosophe Jacques Ellul. C'est l'une des figures tutélaires de *Limite !*

J'ai connu Ellul à la fin des années 60, car j'étais à Bordeaux, comme lui. Il faisait partie de notre groupe d'action non-violent, où se côtoyaient des curés, des pasteurs, des anars, des gens de l'Arche de Lanza del Vasto. À l'époque, il avait déjà écrit l'essentiel sur la technique [NDLR : Jacques Ellul est né en 1912], mais il venait de se mettre à dos l'extrême gauche avec son livre *Autopsie de la révolution* (1969) et *De la révolution aux révoltes* où il tape comme un Turc sur la révolution russe et chinoise en montrant que c'était un renforcement de l'État. Ellul nous a appris à analyser froidement la question technique. Nous pouvions penser que tel outil allait nous aider avant de nous rendre compte que c'était une illusion et qu'il possédait un caractère trop aliénant.

Est-ce toujours d'actualité ?

Plus que jamais ! J'essaye de reprendre cette méthodologie par rapport à n'importe quelle technique, avec ses conséquences sur l'humain, la nature, le vivant et ses conséquences sur la liberté. Mais aussi sur l'irréversibilité qu'une technique provoque. Nous devons analyser chaque technique à l'aune de ces différents points. Et ce n'est qu'après tout ce travail de discernement que l'on peut se dire : « ça on garde, ça on jette ». Ce travail doit être rigoureux. Pour moi, Ellul a été central, car il m'a aidé à construire une analyse pour changer la société. Mais c'est vrai qu'à l'époque nous avions un champ d'action devant nous très large ! Lui était plutôt du genre pessimiste sur notre capacité à changer le cours des choses. Je me souviens d'une discussion autour de la lutte des Kanaks en 1986. « De toute façon, me dit-il, ça ne sert à rien de se battre pour eux, car ils vont finir par faire un État. » Ellul n'était pas dans les illusions des bagarres politiques. La structure de l'État lui semblait plus forte que n'importe quelle révolution et la volonté de changer le monde. Moi, je suis plus à me dire qu'on peut gagner des petites batailles et maintenir la flamme. Je ne me dis jamais que c'est foutu et qu'il ne nous reste plus qu'à écrire des textes. J'essaye d'adopter une attitude qui conduit à créer des nouveaux rapports de force en élargissant les rangs. Il faut ouvrir. La question qui me taraude : on élargit ou on ferme les rangs ?

Pour nous, le Parlement européen, c'est un peu Babel. Depuis que vous y êtes entré en 2009, le journal *La Décroissance* vous crie : « *José reviens !* ». Alors, vous allez revenir ?

Je suis rentré ici, non pas pour faire une carrière, mais pour contrer des lobbies. Au niveau local, j'avais fait le Larzac, la lutte anti-nucléaire. Au niveau national, j'ai créé la confédération paysanne. Puis les faucheurs d'OGM. Puis démoli un *Macdo*. Il y avait un outil que je n'avais jamais utilisé, c'était le Parlement européen. Les décideurs et les influenceurs sont ici. Je me suis dit, sans illusions, que j'allais mener cette bataille. On est dans les mêmes mécanismes que l'État, mais j'ai clairement plus de marge de manœuvre ici qu'à Paris. NDDL, si ça n'avance pas d'un millimètre, outre la mobilisation sur le terrain, c'est qu'on les coince juridiquement. La France par rapport au droit européen est plantée de chez plantée. On a amené le dossier devant la Commission qui a engagé une action juridique contre la France en lui disant qu'elle ne respectait pas le droit sur l'environnement. Voilà ce que je fais ici....

Vous manœuvrez plus qu'autre chose...

C'est de l'aïkido ! Il y a une autre chose, qui ne coûte pas un centime, c'est la Commission des pétitions. On l'a saisie pour les OGM, les boues rouges [ces résidus polluants déversés par une entreprise près de Marseille], etc. On s'est rendu compte qu'on s'était fait balader pendant des années sans rien faire. Alors on essaie de servir d'auxiliaires aux copains qui sont sur le terrain. Récemment, on a découvert un nouveau produit toxique, la phosphine, qu'on met dans les cargos, et qui a déjà causé des morts. Il n'y a pas un cargo qui circule sans ce produit, qui est un poison qui tue tous les insectes. Si on arrive à le faire interdire... Bref, on a fait remonter ça à la Commission des pétitions, encore un combat qu'on espère gagner...

Votre dernier livre, *Hold-up à Bruxelles*, offre pourtant une critique sévère de l'Europe actuelle et des hommes qui la dirigent...

Oui, mais aujourd'hui, il n'y a pas de modèle alternatif réel. Tout le monde trempe dans le productivisme. Pas un pays n'est en dehors de ce modèle, même les plus révolutionnaires. La rente pétrolière de Chavez ? Ça ne me semble pas très alternatif comme modèle. La rente pétrolière n'a jamais créé le socialisme. Le gaz non plus. Même notre copain de Bolivie, Evo Morales, est dans un modèle semblable. L'Équateur de Rafael Correa aussi. Partant de ce constat, je me suis demandé quel moyen je pouvais utiliser pour changer ce système productiviste. Où peut-on faire bouger les lignes, changer la PAC, redonner du sens à l'agriculture, sortir du dumping social et environnemental ? C'est au Parlement européen. Car la France toute seule n'y arrivera pas.

Pourquoi ?

Parce que la France s'est construite sur le modèle de la Révolution française, et ce modèle est celui de l'État-nation, qui empêche de penser la subsidiarité au niveau local ou au niveau de l'Europe démocratique. Les jacobins vouent un véritable culte à l'État. La Révolution s'est faite sur une substitution, un transfert du sacré sur l'État. Et on a martelé que c'était la seule façon de gérer le monde. À côté de chez nous, nos amis espagnols ont développé un anarcho-syndicalisme, parce que ce n'était pas un pays centralisé… Aujourd'hui, on est dans un système tellement large que des pays seuls n'ont aucune chance de gagner contre des multinationales. Les OGM ne sont pas seulement un débat local. Le problème qu'ils posent est mondial. De cette façon, je pense que l'État-nation est une impasse plutôt qu'une solution. La nation, c'est la vision, le sentiment d'appartenance, avec votre culture, votre histoire, votre langue. L'État, c'est autre chose. Et selon Ellul, l'État-Nation est la façon dont l'État organise techniquement la nation.

En 2014, vous avez pris position contre la Procréation médicalement assistée (PMA), et contre la Gestation pour autrui (GPA) car vous étiez opposé à toute forme de « manipulation du vivant ». Esther Benbassa, sénatrice EE-LV, vous avait alors rétorqué qu'à trop suivre la nature, « on finit par vivre avec des animaux dans une ferme du Larzac ». Où en êtes-vous de ce débat ?

J'ai pris publiquement position contre et je me suis fait cartonner. Je continue d'aborder cette question, comme toutes les autres, sous l'angle de la critique de la technique. La PMA et la GPA, c'est la boite de Pandore : eugénisme, homme augmenté… Avec ça, l'évènement de la naissance, qui est un évènement biologique, aléatoire, devient organisé et géré dans un objectif très particulier. Ces méthodes créent quelque chose de complètement artificiel et programmé alors que la richesse du vivant est du côté de l'improbable. Je ne rentre pas dans des considérations morales. Je ne regarde que le phénomène et ses conséquences sur le vivant. En l'état, ce que ça implique pour les femmes : la chimie, cette dimension invraisemblable de la mère porteuse, la construction d'une servitude. Enfin son alibi - puisque chaque technique doit avoir sa force d'attraction - le droit à l'enfant. Le droit de choisir son enfant sur catalogue. Dans *La reproduction artificielle de l'humain*, ce phénomène est très bien expliqué. À ce propos, il faut voir le documentaire *Et l'homme créa la vache*, de Jean-Christophe Ribot. Il faut toujours regarder ce qu'il se passe sur les vaches pour savoir ce qu'il va nous arriver.

BRISEURS DE MACHINES

La révolution industrielle a eu dès l'origine de fervents opposants. Dans l'Angleterre de 1780, un ouvrier anglais, John Ludd, aurait détruit deux métiers à tisser pour protester contre cette concurrence déloyale du travail mécanique contre le travail manuel. C'est de ce sabotage inaugural que va naître la première grande révolte technocritique, le luddisme. Contre le chômage qu'entraîne le remplacement des hommes par les machines, le mouvement se développe en 1811 à partir de Nottingham où 60 métiers à tisser sont détruits en une seule nuit. Soutenu par Lord Byron, poète romantique, il s'organise et s'étend rapidement au point de menacer le gouvernement britannique. Il est brutalement réprimé, non sans avoir obtenu quelques améliorations des conditions de travail. La radicalité luddiste a influencé de nombreux mouvements ouvriers et inspire aujourd'hui notre combat contre les technologies invasives.

Gaultier Bès

La critique de la technique n'a jamais été l'apanage d'un seul courant philosophique, la revue Limite qui abrite plusieurs sensibilités en est la preuve…

Avec ma petite équipe, on est tombé sur la revue *Limite* et les textes de Fabrice Hadjadj parce qu'on parlait des mouvements contre la PMA et la GPA. On a découvert qu'on n'était pas tous seuls. Bien sûr, aux yeux des réseaux *mainstream* d'EE-LV, on passe pour des salauds lorsque nous déployons notre critique. Ce qui est intéressant, c'est que certains y arrivent par le mouvement *situ*, comme PMO, d'autres parce qu'ils sont catholiques. Ça me rappelle toute la richesse des années 70 avec ses différents fronts qui arrivaient dans tous les sens… Et vous, si vous vous faites cartonner à votre tour, c'est normal, c'est bon signe !

Aruna Rodrigues

OGM, la grande escroquerie

Propos recueillis par
Cyrille CHARPENTIER
journaliste indépendant

Illustrations de
Charlotte GUITARD

L'or des champs de moutarde à perte de vue, une ligne d'horizon entrecoupée d'eucalyptus et de pauvres masures de briques rouges, un buffle se prélassant dans une mare de boue : bienvenue au Penjab, dans le nord de l'Inde. Coeur de la Révolution Verte initiée par le Premier Ministre Nerhu dans les années 60 pour industrialiser la production agricole et endiguer les famines qui frappaient régulièrement le Sous-continent, le Penjab est aujourd'hui en crise. Baisse des rendements agricoles, système d'irrigation vieillissant, usure des terres et pollution de l'eau, le grenier à blé de la République indienne menace de s'effondrer. La solution du gouvernement : introduire des semences génétiquement modifiées de moutarde afin d'augmenter le rendement des kharifs, les récoltes hivernales, dont la moutarde est la plus utilisée par les paysans indiens.

La Cour Suprême questionne actuellement l'usage commercial de la Dhara Mustard Hybrid-11 (DMH-11), développée par Monsanto. Rencontre avec Aruna Rodrigues, avocate environnementaliste qui se bat depuis quinze ans contre l'introduction de semences OGM. Elle est en charge de la pétition contre la DMH-11, envoyée à la Cour Suprême. Son but : établir un moratoire sur toutes les semences OGM de produits comestibles.

La Cour Suprême a repoussé l'audience concernant la DMH-11 du 20 février à début avril (entretien réalisé le 27 février, ndlr). Comment avez-vous accueilli la nouvelle ?

Très bien, pour nous, c'est une victoire. Nous cherchons à gagner du temps. Le gouvernement a promis qu'il n'autoriserait pas la commercialisation de ces semences sans l'aval de la Cour Suprême. Les récoltes d'hiver sont passées, donc Monsanto ne pourra pas commercialiser ses produits avant la prochaine récolte, l'année prochaine. Et nous avons un an de plus pour trouver des failles dans les arguments présentés par le Ministère de l'Agriculture.

Votre principal angle d'attaque se concentre sur les résultats de la seule semence OGM commercialisée en Inde, le célèbre coton Bt de Monsanto. Selon le gouvernement, les chiffres plaident en faveur des OGM.

Foutaises ! La rhétorique du gouvernement ne tient pas la route quand on analyse précisément les statistiques. 95% du coton produit en Inde est estampillé Monsanto. Les semences ont été introduites en 2002 ; bien que présentées comme des graines magiques qui limitent l'usage de pesticides, le comité d'experts indépendants appointé par la Cour Suprême a démontré que l'usage de pesticides n'avait pas diminué. En 2013, il était même légèrement supérieur à celui de 2001 : 11 598 contre 10 988 tonnes.

Loin des promesses de **Monsanto*****, donc...***

Tout à fait, surtout que le principal avantage du coton Bt est sa résistance à un parasite, la noctuelle de la tomate. Mais la noctuelle a développé une résistance à la toxine secrétée par le coton Bt. Quant aux rendements, le gouvernement souligne que la production par hectare a augmenté de 25% depuis l'introduction du coton Bt. Mais plusieurs études, comme celle du Dr K. R. Kranthi, directeur du Central Institute for Cotton Research de Nagpur, ont démontré que cette hausse du rendement était due à de multiples facteurs : utilisation d'engrais chimiques, irrigation, absence de sécheresse, etc. Et depuis deux ans, à cause de la résistance développée par la noctuelle, la productivité par hectare a lourdement chuté, revenant aux niveaux de 2002.

En outre, les semences Monsanto ont littéralement envahi les cultures dans tout le pays, sans distinction des spécificités géographiques inhérentes à chaque région. Le coton Bt nécessite une irrigation constante pour être productif. Mais dans les grandes régions productrices de coton, comme le Maharashtra, ce sont les moussons qui font les récoltes.

Le Maharashtra a enregistré le plus grand nombre de suicides de paysans en 2015 (plus de 3000 fermiers se sont donné la mort). Existe-t-il un lien avec le coton Bt ?

De nombreux facteurs expliquent les suicides paysans ; une étude a récemment fait le lien entre les cultures OGM et l'augmentation des suicides. Comme il s'agit de semences hybrides et que les semences hybrides sont stériles, les agriculteurs doivent racheter des graines tous les ans pour chaque récolte. Après s'être endetté pour acheter les graines, il suffit d'une mauvaise récolte et le paysan se retrouve dans un cycle d'endettement ; quand on sait que 63% des paysans indiens possèdent moins d'un hectare de terres, on comprend qu'il leur soit impossible de payer leur dette. Le coût très élevé des hybrides OGM est, à mon avis, un facteur essentiel pour expliquer la crise qui frappe le monde paysan en Inde.

Comment expliquer alors que le gouvernement soutienne la commercialisation de la moutarde OGM ?

Le gouvernement de Narendra Modi a été élu en 2014 sur une promesse économique : industrialiser le pays à toute vitesse. Le choix de soutenir les OGM relève de cette logique. Leur but est de créer une Inde urbaine et industrielle ; l'agriculture traditionnelle doit donc disparaître. Mais comme en 2010 où la société civile a fait interdire les aubergines OGM, nous avons bon espoir d'établir un moratoire sur la DMH-11.

Les cultures OGM sonnent-elles le glas du village indien ?

New Delhi, 24 millions d'habitants, 17% de croissance en 15 ans. Des chiffres qui traduisent un des défis les plus vertigineux pour l'Inde : les migrations internes au pays. Depuis l'industrialisation à marche forcée et l'émergence d'une classe moyenne urbaine, la République indienne connaît un exode rural sans précédent. Avec l'introduction du coton BT en Inde, le lien entre développement des cultures OGM et exode rural a été mis à jour. L'endettement qu'entraînent les cultures hybrides (les graines, pesticides et herbicides représentent des coûts lourds pour les petites exploitations) est trop important. Si un paysan a le malheur de faire une mauvaise récolte, il n'aura d'autre choix que de vendre sa parcelle de terre à un grand propriétaire terrien et partir chercher du travail en ville, en finissant par rejoindre un bidonville de fortune.

En 2025, 42% des Indiens vivront en ville, contre seulement 31% aujourd'hui. Gandhi disait que l'Inde mourrait si les villages (entendre les communautés rurales traditionnelles) disparaissaient. Avec la concentration capitalistique des terres arables et l'utilisation grandissante d'OGM, le village indien est menacé de disparition. ●

Agricool

le nouveau mur fraisebook

Par Romain CUCUEL
et Raphaëlle HUBIN
Illustration de
Marie-Anne BEZON

On les croirait tout droit sortis d'une chronique de Philippe Muray. Formés en école de commerce, ces entrepreneurs en sweat à capuche sont jeunes, beaux et « cool ». Leur agriculture est high-tech, et leur business écoresponsable. Guillaume & Gonzague – c'est leur nom – sont un peu les Marc Zuckerberg de la fraise... Nous sommes allés à leur rencontre à La Courneuve.

Une start-up *verte*

Agricool est située dans une zone industrielle, en Seine-Saint-Denis, à La Courneuve. Deux parisiens, Guillaume Fourdinier et Gonzague Gru, l'ont lancée parce qu'ils ne supportaient plus de manger des fruits et légumes insipides. Et comme on les comprend ! 75% des fraises consommées à Paris sont importées d'Espagne et du Maroc et il s'agit bien souvent de « coquilles vides », sans goût ni vitamines. Or, au rythme où l'on bétonne les dernières terres agricoles d'Île-de-France, on voit mal comment on pourrait relancer la production locale.

À moins qu'on congédie les paysans au profit des ingénieurs en se passant de la terre ! C'est précisément l'idée que Guillaume et Gonzague ont eue – tous deux fils d'agriculteurs : reproduire, artificiellement, un écosystème idéal pour leurs fraisiers d'appartement. Et ça marche ! Depuis 2015, ils cultivent des fraises délicieuses, cueillies à maturité et qui peuvent être consommées dans les 48h. Tout ceci, sans pesticides ni rejet de gaz à effet de serre !

Formés en école de commerce, G&G ont fait de leur idée un *business :* ils ont donc imaginé d'étendre l'expérience à l'intérieur de vastes containers. Sous haute surveillance, la plante pousse désormais au soleil de LED bleues. Température, humidité de l'air, CO_2, les indicateurs sont sans cesse ajustés. L'environnement de chacun des « cooltainers » est soigneusement contrôlé, comme en laboratoire. C'est ainsi qu'en 2016 sont cultivés, dans 32 m², 3 600 fraisiers, soit 120 fois ce qu'une terre peut produire à superficie égale. La méthode est « écolo » : containers et substrats recyclés, énergie verte, eau en circuit fermé, zéro pesticides. La production est locale, ce qui élimine la pollution liée au transport, économise des terres déjà épuisées par notre agriculture intensive et limite le gaspillage – en France, un légume sur deux est jeté entre le champ et l'assiette...

Agricool mobilise aujourd'hui 30 ingénieurs et agronomes et les investisseurs y croient : l'entreprise vient de lever 4 millions d'euros et prévoit de développer 70 containers en 2017. L'équation qui aligne rentabilité et respect de l'environnement semble donc réussie. Récolter des fraises en hiver et mettre la vie sous cloche : « développement durable » ou nouveau rêve de Frankenstein ?

Le progrès sauvera-t-il la planète ?

Autant poser directement la question à l'un des principaux intéressés, Guillaume, qui nous a reçus à La Courneuve. « *Avec Agricool, ne fabriquez-vous pas une sorte de « meilleur des fruits » où le terroir, les singularités d'une exposition, la providence seraient niés au profit d'un aliment fabriqué sur le modèle de la machine : calibré, uniforme et sans surprise ? – Vaste question !* nous a-t-il répondu. *En fait, notre méthode ne peut s'appliquer qu'à des produits comme les fraises, cultivés sur des plants sans cesse renouvelés et qui ne dépendent justement pas d'un terroir, mais surtout d'un climat, facile à reproduire. Une vigne ou un arbre fruitier ne pourront donc jamais être « cooltivés », car nos containers ne pourront jamais reproduire artificiellement un terroir !*

Il n'empêche, si nous étions un peu rassurés, nous n'étions toujours pas convaincus. « *Plutôt que de s'obstiner dans une artificialisation sans fin,* avons-nous contre-attaqué, *ne serait-il pas plus simple d'adapter nos modes de vie aux limites de la nature ? De décroître plutôt que de bidouiller ? – Peut-être*, a répondu Guillaume, *mais c'est une utopie. Il est trop tard pour espérer changer de voie, nous ne parviendrons pas à consommer moins, mais nous pouvons consommer mieux. Agricool change les conditions de production et c'est le seul moyen de contenter le consommateur en réduisant la pollution. – Mais les machines consomment de l'électricité et des minerais rares ! – Oui, mais nos gains de productivité sont tels que l'environnement s'en porte beaucoup mieux. Si l'on veut répondre à la demande sans détruire la planète, il faut innover ! – Bref, si on vous comprend bien, la vraie écologie, aujourd'hui, ce n'est pas cultiver son jardin, mais contrôler son laboratoire ! – Puisque la décroissance est impossible, oui.* »

La terre sans tous ses habitants

Ce jour-là, à La Courneuve, ce ne sont pas des paysans que nous avons rencontrés, attachés à leur terroir, mais des ingénieurs agronomes soucieux d'efficacité. Et si l'on peut saluer leur pragmatisme, il faut contester leur philosophie. Car leur réponse se fonde sur un modèle identique à celui qu'ils semblent combattre, celui du technicisme qui s'impose non pas comme une, mais comme la solution : « *Puisque la terre impose des limites à la consommation, remplaçons-la !* »

Dans le livre de la Genèse, Dieu place l'homme au milieu de son jardin afin qu'il le cultive, en apprenant à connaître et à aimer « *la terre et tous ses habitants* » ! Une écologie qui sépare l'homme de son milieu n'en est pas une, car elle transforme la nature en une pièce de musée, c'est-à-dire une pièce morte – prière de ne pas toucher. Une œuvre que l'on ne contemple plus que pour se divertir. L'homme se partage entre le touriste et l'ingénieur et ne connaît plus la Création que comme une carte postale ou une mécanique à consommer sans modération.

Sous prétexte de ne plus ravager la nature, on l'évacue. Elle n'est plus mise en valeur, elle est mise à distance. Elle n'est plus cultivée, mais manipulée. On pourrait même dire qu'au fond, Agricool ne respecte guère plus la nature que Monsanto : on pollue moins, c'est vrai, mais on ne vit toujours pas en bonne intelligence avec elle. Dans les deux cas, on fait table rase des méthodes ancestrales et durables d'agriculture paysanne. Et la terre reste une impasse, une limite à détruire, une matière à manipuler… On ne lui tend pas la main, on lui tourne le dos. Remplacer le cycle des saisons par le clic des souris, c'est s'absenter, davantage encore, du monde, artificialiser un peu plus notre existence. Et c'est toujours une forme de délire prométhéen, un fantasme démiurgique : on dédaigne ce que le Créateur a jugé bon pour s'en rendre « comme maîtres et possesseurs » et, pour que quelques-uns s'enrichissent, on appauvrit notre « maison commune ». Nous croyons, quant à nous, qu'*une certaine forme de décroissance* est non seulement possible, mais vitale.

L'arrivée des engins agricoles dans les champs, à l'image de la machine à laver dans les foyers, fut vécue comme une libération pour le monde paysan. Jusqu'au jour où la technologie commença à dicter sa loi aux hommes. L'histoire d'un déracinement.

Remettre la machine
au pas de l'homme

Ils ont refait le vieux lavoir du village. Le café des sport a fermé ses portes, avant lui la poste et plus tard, certainement, l'épicerie. Mais voilà le lavoir comme neuf. Les promeneurs pourront venir y pleurer les femmes de jadis qui venaient y laver leur linge, à grands coups de planches et de commérages. On se souvient avec nostalgie de cette vie dans les campagnes... En omettant souvent sa dureté. Ma grand-mère, qui avait pour elle de s'être usé les mains sur des fonds de culotte, affirmait sans broncher que la plus belle invention de son siècle était la machine à laver. Ô instrument de libération ! Et tant pis pour les galéjades de lavandières.

Matrix à la ferme

Certains en viennent aussi à regretter le temps des battages, où les hommes se réunissaient pour travailler dans la foulée des moissons. Il est vrai que c'était chaque année une véritable démonstration de solidarité et de convivialité, à passer de fermes en fermes récolter et stocker le grain attendu. Mais il s'agissait d'un travail de forçat qui, un mois durant, ne ménageait ni les reins des porteurs de sacs, ni les poumons des bouffeurs de poussière. Nul ne regretta les blagues de potaches et les joies partagées quand les moissonneuses-batteuses pointèrent leur nez. Peut-être l'arrivée du tracteur fut-elle regardée avec moins d'enthousiasme. On était, encore après-guerre, très attachés aux chevaux qui eux au moins s'arrêtaient de temps en temps pour se reposer... Mais il fallait produire. Chacun dut se résoudre à se débarrasser des uns pour acquérir l'autre. Il s'ensuivit une course à l'équipement, avec la bénédiction des banquiers, ce nouveau clergé. La France est ainsi passée doucement « d'une agriculture de peuplement à une agriculture productive, mais solitaire », selon la formule de l'historien Jean-Luc Mayaud. Pire : la machine s'est mise à dicter sa loi. « On en est devenu tellement dépendant qu'on a finalement tout organisé en fonction de ces critères techniques », regrette le journaliste Périco Légasse. La terre mise au pas du machinisme agricole. Idem pour la technologie chimique : « parce qu'on pouvait scientifiquement y parvenir, on s'est mis à exiger des sols qu'ils triplent leurs rendements ». Jusqu'à ce que l'homme ou le territoire s'épuise... C'est Matrix à la ferme, qui fait de nous « le corps social le plus docile et le plus soumis qui soit jamais apparu dans l'histoire de l'humanité », tacle le philosophe Giorgio Agamben.

Est-on condamné à voir toujours les outils de libération devenir des instruments d'exploitation ? Des expériences heureuses prouvent au contraire que la mécanisation des champs n'est pas forcément incompatible avec la liberté des âmes. Ainsi les 12 500 Cuma (Coopératives d'utilisation de matériel agricole) réparties en France permettent depuis soixante-dix ans à des groupes de paysans d'encadrer un usage commun des engins, selon les besoins de chacun. Nées des traditions d'entraide entre voisins, elles ont permis le développement de leurs territoires, constituant un soutien logistique des exploitations autant qu'un rempart contre la solitude de leurs adhérents. Ici la structure collective remet la machine à sa place : au service de la cause pour laquelle elle a été conçue, avec le lien humain comme seule matrice acceptable, afin que nos campagnes ne se transforment ni en usine, ni en musée.

Par
Joseph GYNT
Journaliste pour la presse agricole, fondateur des Cahiers Libres. Membre de la rédaction de *Limite*.

LONGUE VIE aux mauvaises herbes !

Dans cette nouvelle chronique, Geoffroy Saillard, jardinier-permaculteur, et Johannes Herrmann, écologue, nous donnent des pistes pour mieux comprendre et contempler la nature au quotidien...

Même en ville, la nature a de quoi émerveiller. Regardez ces plantes qui poussent dans les décombres ou les parcelles à l'abandon : leur capacité d'adaptation est incroyable ! On les appelle « mauvaises herbes » par opposition au sacro-saint gazon (un cauchemar aseptisé, monospécifique et stérile) alors qu'elles ont plein de vertus ! En ville, la friche rebute : elle incarne une perte de contrôle, de pouvoir. Mais rangez votre Round-up : les terrains vagues sont de véritables oasis biologiques, des écosystèmes étonnants ! Regardons de plus près les plantes « rudérales » qui y poussent : certaines sont de véritables engrais verts (vesces, luzernes, bourraches) ; d'autres accueillent nombre de pollinisateurs et d'oiseaux ; toutes recréent de petits paysages spontanés. Citons la molène (Verbascum thapsus), plante médicinale, le fenouil (Foeniculum vulgare) aux multiples vertus, l'ailanthe (Ailanthus altissima), arbre-pionnier reconnu depuis le XIXe pour sa capacité à pousser dans les sols les plus stériles et à résister aux pollutions des villes ; l'arbre aux papillons (Buddleia davidii) qui peut croître entre des traverses de chemin de fer, au bois pourtant traité à l'extrême. Il n'a pas besoin d'humus ou d'un véritable sol pour s'implanter, c'est une plante indicatrice d'atmosphères irrespirables qui dégage un parfum sucré. Ces plantes ont en effet une fonction « bio-indicatrice » : leur présence nous renseigne sur les qualités du milieu. Si vous avez la chance de disposer d'un terrain, n'oubliez jamais de leur réserver une place. Observer plutôt qu'intervenir, comprendre les signaux de la nature, ce sont les bases d'approches accessibles à tous, sur n'importe quel terrain.

Cette végétation rebelle est aussi un point de départ pour reconstituer de l'humus, base de toute vie ultérieure. Les friches deviennent des espaces d'accueil possibles pour des potagers ou des vergers urbains. Pourquoi ne pas rejoindre l'association locale qui porte un tel projet ? Mais même la friche sauvage a son rôle : elle accueille une biodiversité qui ne trouve plus de place ailleurs. Un réseau de friches-réserves dans une ville viendrait en complément des jardins partagés et des futurs espaces dédiés à l'agriculture urbaine. Il jouerait un rôle de sauvegarde du sol contre l'érosion. Sa végétation spontanée serait exploitée par les passereaux granivores (moineaux, verdier, chardonneret…) en forte régression suite à la disparition de cette flore sauvage.

La capacité d'adaptation des plantes se lit aussi dans le patrimoine des vieux et grands arbres. Vaste sujet sur l'épigénétique (étude des mécanismes qui modulent l'expression du patrimoine génétique en fonction de l'environnement) ! Du fait qu'un arbre ne peut se déplacer, il agit différemment. Un vieil arbre accumule une mémoire génétique. Les fruits de cet arbre auront des génomes toujours mieux adaptés aux lieux, mais aussi au climat : des génomes toujours plus résilients et plus féconds (pour les futurs semis) pour croître même dans les environnements les plus hostiles. Le végétal n'a pas fini de nous surprendre ! ●

Par Geoffroy SAILLARD & Johannes HERRMANN

POUR ALLER PLUS LOIN :
Un programme pour découvrir les plantes « sauvages » dans sa rue : sauvagesdemarue.mnhn.fr/
François Couplan et Eva Styner, *Le Guide des plantes sauvages comestibles et toxiques*, Delachaux & Niestlé
Le blog de Geoffroy Saillard : ContemplaSocio www.contemplasocio.com/

Gestation pour autrui

En Thaïlande, de la sous-traitance à la maltraitance

Par Félicité De La VILLEJÉGU

Face au désir d'enfant, la solution technique est tentante. Prélèvement d'ovules, FIV, surveillance médicale renforcée : on ne sous-traite la grossesse qu'à grand renfort de seringues. Et cette hypertechnicisation de la gestation crée plus de drames qu'elle n'en résout. Reportage en Thaïlande, où nous avons rencontré Pattamaron, triste victime d'un imbroglio éthique qui n'aurait jamais dû être possible.

« Pattaramon n'est pas une vache ! »

La grand-mère de Pattaramon se redresse d'un coup sec : « Pattaramon n'est pas une vache ! » Sa colère est un cri : « L'un des deux bébés était handicapé. Alors ils ont demandé à Pattaramon de l'avorter, après sept mois de grossesse ! » Par son « non » catégorique, la famille Chanbua s'est opposée à la fois à l'agence de fertilité et aux parents « d'intention », un couple australien infertile. Pattaramon a 24 ans, elle est thaïlandaise. Un petit garçon de 2 ans tente de lui grimper sur les épaules. De l'énergie, il en a. Gammy est bien plus blanc que la femme qui l'a porté. Ses yeux sont tirés : il est atteint de trisomie 21.

Pattaramon vit à Chonburi, capitale d'une province située à 100 km au sud-est de Bangkok, dans une imposante bâtisse de deux étages. L'entrée de la maison est cachée par un petit commerce tenu par la grand-mère de Pattaramon : un véritable capharnaüm. Des bataillons de personnages mythiques et de nains de jardin thaïlandais sont alignés : des Bouddhas et des Vishnus, des serpents appelés Nagas. Pour entrer dans la maison, il faut traverser la boutique. Paumes contre paumes, Pattaramon se courbe et me salue. Gammy l'imite : « Sawadee ! ».

C'est au septième mois de sa grossesse que Pattaramon comprend qu'il y a un problème. Elle voit débarquer un homme, Antonio, qu'elle n'avait jamais vu auparavant. La quarantaine, blanc de peau, probablement américain, elle découvre qu'il est l'un des patrons de l'agence de fertilité qui l'a embauchée. Il lui annonce que l'un des enfants qu'elle porte est trisomique et qu'elle doit l'avorter.

« Les médecins voulaient injecter un produit dans le ventre de Pattaramon pour tuer Gammy », s'offusque Pichaya, la grand-mère. Pour interrompre le développement de l'un des fœtus malades, on aurait pratiqué une Interruption Sélective de Grossesse : une injection létale in utero. La mère aurait alors poursuivi sa grossesse et accouché d'un bébé vivant et d'un bébé mort. Pichaya ne décolère pas : « L'agence et les médecins nous ont dit la vérité le plus tard possible. Pipah, la jumelle de Gammy, aurait pu mourir si Pattaramon avait avorté de Gammy plus tôt. Dès le début, ils savaient que Gammy était malade. » Pattaramon écoute sa grand-mère. Elle ne réagit pas. « Cet enfant, c'était le mien. Il avait sept mois. J'ai eu pitié. ».

« Je n'avais rien à perdre »

Tout a commencé en 2013 quand elle voit tomber cette annonce sur son fil d'actualité : « Poste à pourvoir immédiatement. Réservé aux femmes. Rémunération élevée : 300 000 baht (11 000 euros). » Ses yeux s'écarquillent. L'émetteur de l'annonce est inconnu, le contenu du job n'est pas précisé. Peu importe, elle a besoin d'argent. Pattaramon et son mari, Nid, doivent 100 000 baht (3 700 euros) à l'usurier du quartier. En Thaïlande, l'endettement des ménages est vertigineux : 85% du PIB en 2015. Le couple gagne seulement 15 000 baht (555 euros) par mois. « Ce n'était pas suffisant

Aujourd'hui, des mères porteuses, recrutées en Europe, viennent accoucher en Thaïlande, en toute discrétion

pour assumer notre quotidien, avec l'éducation des enfants qui coûte 3 000 baht par semestre », rappelle la mère de famille.

Pattaramon n'a pas eu la chance d'aller à l'école. Jusqu'à sa GPA, elle a travaillé dans leur petit commerce de rue à Chonburi. Sa mère, enceinte à l'âge de 14 ans, l'a abandonnée à la naissance. « Ma mère est morte en prison en 2011. Elle était incarcérée pour trafic de drogues… » Les confidences de Pattaramon s'éteignent, avant de reprendre : « Mon rêve de petite fille, c'était de devenir pâtissière. Mais aujourd'hui, j'aimerais surtout apprendre l'anglais pour pouvoir parler avec Pipah sans traducteur. » Pipah, c'est la sœur jumelle du petit Gammy. Elle vit à Bunbury, en Australie, avec ses parents d'intention David et Wendy Farnell. Depuis le jour de l'accouchement, en décembre 2013, Pattaramon ne l'a jamais revue.

Un mois après le dépôt de sa candidature, Pattaramon est contactée par l'agence de fertilité. Son dossier est retenu. Son CV a été étudié ainsi que les deux photos qu'elle a transmises : de la tête aux pieds, elle est observée à la loupe. La photo de ses deux petits enfants confirme que Pattaramon est une candidate sérieuse. Seulement voilà, mère porteuse, Pattaramon ne sait même pas ce que c'est. « Tu avais déjà entendu parler de gestation pour autrui avant de postuler ? » « Non. » « Tu as regardé sur internet pour avoir des informations ? » « Non ». Des questions, Pattaramon s'en pose peu. Elle fonce, sans hésitation. « Cette GPA, je l'ai faite pour l'argent », avoue-t-elle sans complexe, avant de se reprendre : « Et aussi parce que ça aiderait un couple qui ne pouvait pas avoir d'enfant. »

« L'agence me remboursait mon ticket de bus pour aller à Bangkok. Je n'avais rien à perdre », se justifie-t-elle. Devant une clinique du centre de Bangkok, elle est accueillie par deux jeunes Thaïlandaises « élégantes » perchées sur des talons. L'une des deux, Zoi, dirige cette agence de fertilité. Une dizaine de jeunes candidates sont là aussi. Comme Pattaramon, elles vont toutes passer un test médical complet : prise de sang et contrôle du bon fonctionnement des organes génitaux. Personne, dans l'entourage de la jeune femme, n'est au courant de cette visite. Ce n'est qu'après la signature du contrat qu'elle préviendra sa famille. Il est signé sur le champ, à la clinique, et rédigé en anglais, une langue que Pattaramon ne parle ni ne comprend : « C'est Zoi qui m'a traduit le contrat. Elle m'en a fait un résumé », m'explique-t-elle avec une évidence déconcertante. La confiance est totale.

Procréation artificielle, maternité superficielle ?

Très vite les résultats du test tombent : Pattaramon est apte à devenir mère porteuse et peut être inséminée. Elle ne connaît rien des parents d'intention. Le sperme sera celui de David, l'ovocyte celui d'une donneuse anonyme. Pour augmenter les chances de la nidation, plusieurs embryons sont déposés dans sa cavité utérine : Pattaramon est enceinte du premier coup. Imprévisible, la nature double même les espérances du couple d'intention : la Thaïlandaise attend des jumeaux.

Pattaramon reprend le cours de sa vie. Elle continue de vendre des salades dans la rue et le fera jusqu'à l'accouchement, malgré la fatigue. « Impossible de dormir allongée, mon ventre était énorme. Je n'arrivais à dormir qu'assise. Et pendant sept mois, j'ai eu des nausées. » La jeune femme affirme avoir vécu cette grossesse comme les deux précédentes. Mais chaque semaine, un coup de téléphone de Zoi la met en garde et lui rappelle que ces enfants ne sont pas les siens. La directrice de l'agence insiste aussi pour que Pattaramon prenne quotidiennement ses médicaments et que son alimentation soit mesurée. À mesure que le terme approche, les rendez-vous à la clinique s'intensifient. Les jumeaux naissent prématurément, à huit mois. Ils passeront un mois ensemble, en couveuse, avant d'être séparés.

GPA : DU PROBLÈME TECHNIQUE À L'IMPASSE ÉTHIQUE

Dans une GPA, la mère porteuse est réduite au statut d'utérus interchangeable et l'enfant à celui d'un embryon parmi d'autres, produit anonyme d'une banque de sperme ou d'un don d'ovule. Pas étonnant en ce cas que le bébé soit considéré comme remplaçable ou supprimable, dès lors qu'on l'estime défaillant ! Quel que soit le prix qu'on y mettra et le vernis légal dont on l'enduira, l'externalisation de la grossesse déshumanise la mère aussi bien que l'enfant. Un tel trafic des corps ne sera jamais éthique, parce que l'enfantement n'est pas qu'« un problème de tuyauterie très compliquée », comme le prétend Henri Atlan, promoteur de « l'utérus artificiel ».

Marianne Durano

Pattaramon rencontre alors pour la première et dernière fois les Farnell : « Ils ne se sont pas intéressés à Gammy et n'ont même pas voulu changer sa couche. » Ils prennent Pipah, décollent pour l'Australie, et abandonnent Gammy dans les bras de sa mère porteuse.

Gammy est « un fils facile à aimer », un enfant normal, désobéissant et têtu comme une mule. Avec souplesse, il met son petit pied sur son oreille elfique : « Allo, Allo ». Pour le calmer, elle lui renverse du talc sur la tête. Jamais fils de Thaïe n'a été aussi blanc ! Pattaramon négocie avec les Farnell un supplément financier de 200 000 baths pour garder l'enfant. « Il manque encore 80 000 baths », souligne-t-elle, visiblement en colère. Pattaramon demande de l'aide auprès d'un centre d'accueil pour les femmes en détresse. Elle rencontre alors un journaliste grâce à qui leur avenir va prendre un tournant décisif. Comme le dit l'expression thaïlandaise « Tham di dai di » : Tu fais le bien, tu récoltes le bien. La roue tourne pour les Chanbua.

Polémiques et controverses s'enchaînent par la suite : les médias australiens révéleront que le père biologique des enfants, David Farnell, a été condamné pour pédophilie sur des fillettes en 1997. Inquiète pour la sécurité de Pipah, Pattaramon souhaite récupérer l'enfant, en vain. Une association australienne d'aide aux enfants, Hands accross the water, s'est émue de cette histoire. Grâce à une campagne de fundraising, 250 000 dollars ont été récoltés pour Gammy. Pattaramon reçoit 530 dollars par mois pour financer les soins médicaux du petit garçon, et plus tard, son éducation. L'association a aussi acheté pour Gammy la grande maison dans laquelle il vit avec sa famille. À deux ans, il est déjà propriétaire !

L'utérus du monde

Aujourd'hui, Pattaramon assure avoir subi de nombreuses pressions de l'agence et du couple d'intention : pour éviter de nuire au système, elle n'avait pas le droit d'expliquer en détails ce qu'elle avait perçu de la GPA. Encore méfiante aujourd'hui, elle semble feindre des trous de mémoire. Elle ne se souvient plus du nom de l'agence : était-ce IVF Parenting ? Et la clinique où a eu lieu la FIV, était-ce Bangkok FIV Center ? Elle hoche la tête en signe d'approbation, mais reste évasive. Tout est sous fausse identité : Zoi s'appelle en réalité Kamonthip Musikawongg. Son profil LinkedIn indiquait que c'est en 2013, après des études de biotechnologie agricole, qu'elle créé l'agence de fertilité IVF Parenting. Mais après la médiatisation de l'affaire Gammy en 2014, son profil a disparu, l'agence s'est envolée, la clinique a fermé.

Le tourisme procréatif a fait son lit en Thaïlande grâce au tourisme médical, très prisé depuis les années 1990 : le pays dispose d'infrastructures hospitalières de qualité, l'accès aux soins est rapide et économique. Chaque année, près de 1. 5 million de patients étrangers se font soigner en Thaïlande. Les couples d'intention ont confiance en ce système qui ne mettra a priori en danger ni la vie de la mère porteuse, ni celle de l'enfant. Le tout à un prix défiant toute concurrence : si une GPA coûte jusqu'à 150 000 dollars aux États-Unis, c'est environ 35 000 dollars en Thaïlande, sachant que la mère porteuse n'en touche, elle, que 13 000. Il y a donc un « cours du bébé » qui obéit aux lois du marché. Dix ans après la légalisation de la GPA en Inde, le gouvernement a tenté de freiner son développement en 2012, et interdit aux célibataires et aux couples homosexuels d'avoir recours à une mère porteuse indienne. Les parents d'intention concernés ont été redirigés vers la Thaïlande, pays dans lequel aucune disposition légale relative à la GPA n'existait. Les scandales ne tardent pas alors à se multiplier.

Face à l'indignation de l'opinion internationale, la junte militaire au pouvoir fait de la GPA son nouveau cheval de bataille, et change la loi en février 2015. Désormais, pour qu'un couple puisse faire appel à une mère porteuse, il faut qu'il soit marié depuis trois ans et que l'un des deux soit Thaïlandais.

La nouvelle législation suffira-t-elle à endiguer le phénomène ? Pas sûr. Pour Maître Bernard Piccin, avocat français à Bangkok, c'est un coup d'épée dans l'eau : « Cette loi devait sonner le glas de la GPA en Thaïlande, mais elle ne fait que repousser le problème vers d'autres pays. Hier, c'était l'Inde, puis la Thaïlande. Aujourd'hui, c'est le Cambodge et la Malaisie. » D'autant qu'aujourd'hui, des mères porteuses, recrutées en Europe, viennent accoucher en Thaïlande, en toute discrétion. C'est ce que me raconte une expatriée française, souhaitant rester anonyme. Dans un salon de coiffure de Bangkok où elle s'est rendue récemment, les confidences sont tombées au rythme des cheveux sur le sol. La coiffeuse, une jeune Britannique, lui révèle qu'elle est aussi mère porteuse. Inséminée en Angleterre, elle a accouché à Bangkok grâce à la complicité d'un médecin qui déclarera la grossesse au nom de la mère d'intention. Certaines agences de fertilité seraient devenues nomades depuis la nouvelle législation. « Elles n'ont plus pignon sur rue, mais elles reviendront travailler, c'est sûr », affirme un conseiller à l'Ambassade de France. Sur le marché du fœtus, on n'en est pas à une délocalisation près.

Face à l'infertilité
Le choix de l'humanité

Par Mahaut et Johannes HERRMANN
Illustrations de Guillaume DELOIZON

« *Ils vécurent heureux, entourés d'enfants.* » L'image d'Épinal est cruelle pour les couples, de plus en plus nombreux, qui traversent l'épreuve de l'infertilité. La technique, qui en est souvent à l'origine, s'impose alors comme le seul recours. Mais à quel prix ? Mahaut et Johannes Herrmann nous livrent leur témoignage.

Prise de conscience

Nous nous sommes mariés il y a plus de huit ans. Nous étions assez jeunes et nous nous voyions bien à la tête d'une famille nombreuse. Notre première année de mariage s'est déroulée sans trop de pression. Il y a beaucoup de médecins autour de nous, et ils nous répétaient qu'entre le moment où on désire un enfant et le moment où celui-ci arrive, il peut se passer six mois ou un an sans que cela ne soit annonciateur d'un problème quelconque. Malgré tout, au bout d'un an, nous avons commencé à nous douter que quelque chose clochait. Peu à peu, la réalité s'est imposée à nous : notre chemin vers la parentalité serait long et compliqué.

Nous n'avons pas envisagé de demander à entrer dans un protocole de PMA. D'abord parce que nous espérions que l'attente ne durerait pas et qu'une grossesse naturelle surviendrait. Ensuite parce que, malgré la douleur de l'absence et la souffrance de l'attente, nous ne nous sentions pas prêts à soumettre nos vies aux exigences de protocoles médicaux stricts. Nous avions des réserves éthiques sur la déshumanisation des patients dans ces protocoles et sur le devenir des embryons conçus. Nous ne voulions pas non plus, nous qui étions de sensibilité écologique, infliger à notre organisme trop de traitements lourds à base d'hormones, même pour la meilleure des causes : celle d'avoir un enfant. Nous étions confiants, nous étions convaincus que nous serions un jour parents biologiquement. Les années ont passé, plus ou moins facilement. Nous avons vu des amis avoir recours à la PMA. Certains ont été parents, d'autres sont allés de traitement en traitement pour rien. Nous avons été témoins d'échecs et de désespoir. Dans le même temps, nous avons progressé dans notre conversion écologique. Au début de notre mariage, nous n'étions ni locavores[1] ni décroissants. La prise de conscience ne s'est effectuée qu'un an et demi après. En progressant vers un style de vie que nous voulions plus sain, nous avons jugé qu'il serait incohérent pour nous d'éliminer les pesticides et la nourriture toute prête de notre alimentation pour les remplacer par des piqûres quotidiennes et des manipulations sur le vivant qui nous posaient des problèmes éthiques. Mais il est important de préciser que nous ne nous sommes pas détournés par principe de la médecine chimique. Quand des médicaments allopathiques sont prescrits par les médecins en qui nous avons confiance, nous les prenons. Si nous devons affronter un jour un cancer, nous accepterons les traitements qui nous seront proposés car ils seront vitaux pour nous.

Nous avons jugé qu'il serait incohérent pour nous d'éliminer les pesticides et la nourriture toute prête de notre alimentation pour les remplacer par des piqûres quotidiennes et des manipulations sur le vivant

Solidarité et incompréhension

Grâce à une amie, nous avons eu la chance de rencontrer le groupe Sainte Colette, qui soutient les couples en espérance d'enfants. Plusieurs pèlerinages à Poligny, dans le Jura, nous ont aidés à prendre du recul sur l'épreuve que nous vivions et à consolider les fondements de notre couple. Quel était le sens de notre engagement ? Quelle vocation notre couple a-t-il aujourd'hui malgré l'absence d'enfants ? Nous avons pris conscience qu'il n'y a pas de parcours-type du couple sans enfants et que chacun avance à son rythme. Plus précisément, nous avons compris qu'il n'y a pas d'obligation à se lancer dans un protocole de PMA après X années d'infertilité ou de commencer des démarches d'adoption au bout d'un certain temps d'attente ; une femme ménopausée peut ne toujours pas avoir fait le deuil de l'enfant jamais né ; il n'est pas honteux de ne pas s'être abandonné à la Providence après vingt ans d'attente. Le groupe Sainte Colette accueille tous les couples confrontés à l'attente d'un enfant qui ne vient pas, quels que soient leurs choix. Nous avons sympathisé avec des couples qui ont eu des enfants grâce à la PMA, d'autres qui se sont tournés immédiatement vers l'adoption, d'autres encore qui ne sont jamais devenus parents. Nous avons la chance de rencontrer un couple qui a choisi de ne pas recourir à la PMA pour les mêmes motifs écologiques que nous. Toutes ces rencontres et les prières qui nous ont entourés nous ont permis de ne pas sombrer.

Nous étions portés et soutenus, mais ce soutien était à distance. Nous avons ressenti le besoin d'un accompagnement plus fréquent. Par chance, il y a

1. Choix de consommer de la nourriture produite dans un rayon restreint autour de son domicile.

> **Puisque la PMA a permis à des couples de devenir parents, n'est-ce pas un peu de notre faute si nous sommes sans enfants ?**

deux ans, nous avons appris le démarrage prochain d'un groupe de soutien dans une structure portée par notre diocèse. Nous nous y sommes inscrits. Au début de la séance de mi-parcours, les responsables nous ont proposé de faire un bilan de ces quelques mois. Des couples qui avaient déballé quasiment tout leur dossier médical de PMA lors de la séance de présentation ont expliqué qu'ils se sentaient mal à l'aise car il était trop question de religion dans les échanges. La religion était, selon eux, un sujet trop intime, dont la mention était « choquante » (sic), et n'avait pas sa place dans le groupe. Nous avons compris que c'était nous qui étions visés. Nous n'avions jamais suggéré que l'échange entre dans des considérations spirituelles ou théologiques. Nous avions simplement parlé de la douleur que nous ressentions à des baptêmes, de nos difficultés à nous insérer dans notre paroisse car la rencontre entre jeunes couples d'une même paroisse se fait principalement par le biais des activités des enfants. Rien de plus. Visiblement, le fait d'évoquer nos larmes quelques semaines avant la présentation d'un futur baptisé devant la paroisse était jugé plus intime que le résultat d'un spermogramme ou l'échec de l'implantation d'un embryon. Les autres couples ont acquiescé à cette remarque. Ils étaient majoritaires. Au lieu de nous lever et de quitter les lieux immédiatement, comme nous aurions probablement dû le faire, nous avons tenu bon jusqu'à la fin de la séance, mais ne sommes jamais revenus.

Une possibilité ou LA solution ?

Nous avons pris ce soir-là en pleine figure une réalité douloureuse que nous avions déjà pressentie : il est plus facile de répondre à l'absence d'enfant par une solution technique que par une écoute réelle. L'écoute consolante n'interviendra que si la technique est elle aussi impuissante à pallier les défaillances de la nature. Nous nous sentions coupables de notre propre malheur. Puisque la PMA a permis à des couples de devenir parents, n'est-ce pas un peu de notre faute si nous sommes sans enfants ? Un an plus tard a été organisée une journée de sensibilisation à l'infertilité à l'initiative d'une association de soutiens aux patients en PMA. Mahaut a expliqué dans un billet de blog pourquoi cette approche limitée de l'infertilité lui posait problème. La réponse ne s'est pas fait attendre. Un commentateur lui a fait une réponse que nous avions déjà devinée sous d'autres mots : un couple qui refuse les solutions techniques que l'époque lui offre n'a aucune légitimité à se plaindre de ne pas avoir d'enfants. En somme, la réponse se devait, selon lui, d'être exclusivement technique. Pour creuser un peu cette piste, Mahaut a décidé de poster un message dans la section « Infertilité » du forum Doctissimo, le forum de santé le plus fréquenté de France. Cette section active est presque exclusivement consacrée au soutien psychologique des femmes qui suivent un protocole de PMA. Le message de Mahaut était simple. Il demandait en substance s'il y avait d'autres femmes qui souffraient de leur infertilité mais ne voulaient pas ou ne pouvaient pas passer par un parcours de PMA. Ce message a été beaucoup moins lu que tous les autres et n'a reçu aucune réponse. Un autre jour, alors que Mahaut évoquait devant une personne de son entourage la longueur de l'attente, celle-ci lui a répondu : « Ne crois-tu pas qu'il serait temps de donner un coup de pouce à la nature ? ».

Toutes ces expériences nous ont fait prendre conscience que l'infertilité est l'une des situations où le grand remplacement de l'humain par la technique est le plus tangible. La première réponse que la société a à offrir à un couple faisant face à l'infertilité est technique : pourquoi ne pas avoir recours à la PMA ? Il y a peu d'endroits où d'autres questions peuvent être posées. « Comment le vivez-vous ? Est-ce que c'est difficile pour vous en famille ou avec vos amis ? Est-ce qu'il n'est pas trop dur de passer le cap des trente, trente-cinq, quarante ans sans enfants ? Et pour le mari, qu'est-ce que cela fait de ne pas réussir à devenir père ? » (On l'oublie un peu trop souvent, mais un homme souffre aussi quand il n'arrive pas à avoir de descendance.) » Ces interrogations attentives surviennent, mais de préférence après des échecs répétés en PMA. Le couple et la médecine ont fait tout ce qui était en leur pouvoir, et alors seulement on peut commencer à consoler et à accompagner le couple éprouvé. Après le diagnostic d'infertilité, ou bien après le constat d'absences de causes physiologiques à l'infertilité, la PMA s'impose comme une option incontournable. Qu'importe que le couple ne se sente pas prêt, que l'un des deux soit trop blessé dans son corps ou dans son âme

pour être capable de supporter des examens et des protocoles lourds et éprouvants, qu'importe aussi que le taux de réussite des techniques de PMA soit loin des 100% : qui dit infertilité dit aussitôt PMA. Qu'importe aussi qu'il s'inquiète du devenir des embryons non implantés. Ces questionnements sont peu audibles, au grand désarroi de ceux qui veulent vivre un autre chemin. Et quand un couple explique qu'aucun d'eux n'a le courage ou l'envie, pour la femme, d'écarter les jambes devant des cortèges de médecins, pour l'homme, de passer par le prélèvement de sperme par masturbation, il passe pour incapable de faire des efforts alors que tant d'autres ont subi ce chemin éprouvant. C'est traiter un peu à la légère les innombrables témoignages de déprime et dépression suivant la PMA. Il est difficile de trouver des statistiques fiables sur le pourcentage de couples n'ayant aucun enfant après une FIV, mais le taux moyen de réussite des fécondations in vitro par cycle (22%) n'est pas très éloigné du taux de probabilité de concevoir un enfant naturellement à chaque cycle (environ 20%). On conçoit aisément que le couple qui n'arrive pas à concevoir par PMA l'enfant tant attendu le vive mal et connaisse des difficultés à remonter la pente. Et pourtant, une publication consacrée à la FIV n'hésite pas à écrire que « presque tous les couples peuvent avoir un bébé s'ils le désirent vraiment ». Le sous-entendu est clair : les couples qui ne veulent pas ou plus de recours aux protocoles PMA ne désirent pas réellement avoir un enfant.

Écoute et compassion

Que reste-t-il alors au couple qui souhaite prendre un autre chemin, à part tâtonner et espérer que le hasard mette un jour sur leur route des couples semblables à lui ? Quand nous partageons nos chemins de vie avec des amis qui ont posé des choix similaires au nôtre, nous constatons qu'aucun n'est un militant anti-PMA et qu'aucun ne juge ses proches et amis qui avaient eu recours à une forme de PMA. Et pourtant, combien de fois avons-nous constaté que la simple affirmation « non, nous ne souhaitons pas passer par la PMA pour le moment » était prise pour une critique implicite des couples ayant fait le choix inverse !

À l'heure où nous écrivons ces lignes, nous n'avons toujours pas d'enfants et il n'y a pas de grossesse en cours. Nos chemins de vie nous conduiront peut-être un jour vers la PMA. Pour l'instant, en tout cas, ils n'incluent pas cette option. Cela n'empêche pas les doutes. Ne sommes-nous pas trop stupides de refuser cette solution qui nous permettrait, comme à plusieurs de nos amis, d'avoir enfin les enfants tant attendus ? Avons-nous pris les bonnes décisions ? Nous ne voulons imposer nos choix à personne. Ils sont le fruit de notre histoire, ils ont été mûris et discutés. Nous souhaitons simplement que l'écoute, la compassion, l'empathie – autant de rapports à l'autre visiblement démodés – soient remis au cœur de l'accompagnement des couples qui souffrent de l'absence d'enfant et que la société soit enfin capable de leur offrir autre chose qu'une réponse froidement technique. ●

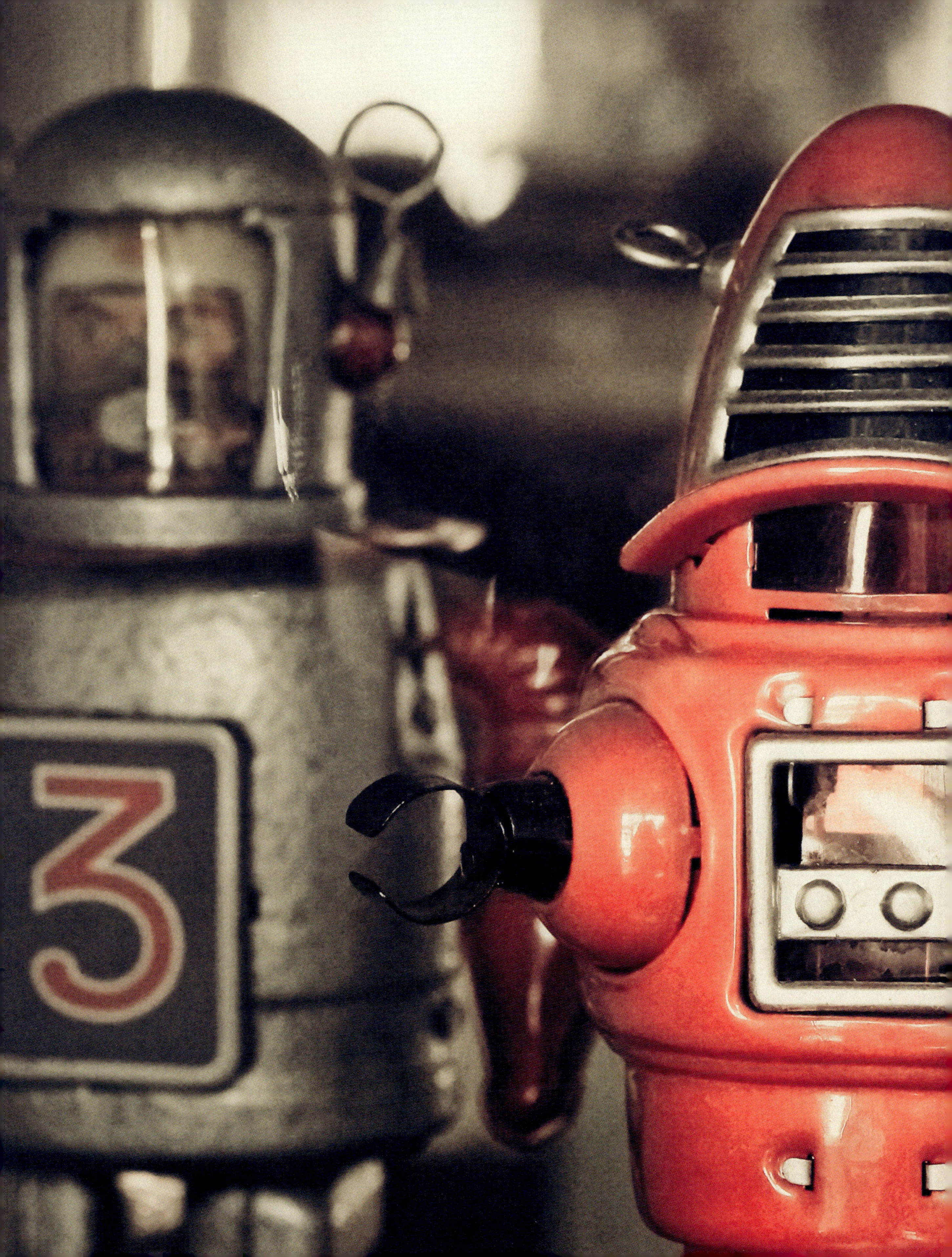
3

pages dirigées par Camille DALMAS

Culture

Camille DALMAS

Hubert DARBON

Grégoire FERRI

Salomé BLONDEAU

(Leçon du silence)

Pourquoi faire silence dans un monde où « l'on emporte la musique partout avec soi » ? La révolte contre la cacophonie musicale ambiante est nécessaire parce qu'en oubliant de donner sa place au silence, nous oublions un peu aussi ce qu'est la musique.

En 2008, Gene Weingarten reçoit le Prix Pulitzer pour un drôle de reportage paru dans le *Washington Post*. Le journaliste y relate une étonnante expérience menée avec son complice Joshua Bell, violoniste virtuose mondialement connu. Dans cet article intitulé *Pearls before breakfast*, Weingarten raconte le « concert » que Joshua Bell a donné dans le hall d'entrée d'une station de métro de Washington DC en pleine heure de pointe. L'expérience a été filmée : incognito, le soliste affronte le flux permanent d'un millier de travailleurs qui se rendent à leur travail de bon matin. Le but de l'expérience est de répondre à une question piège : la beauté permet-elle de transcender la banalité du quotidien ? Armé de son Stradivarius, Bell se déchaîne pendant 45 minutes. Une Chaconne de Bach. L'*Ave Maria* de Schubert. Le violoniste a choisi ses œuvres pour émouvoir et impressionner, mais stupeur : la foule l'ignore ! Seule une poignée de personnes s'arrête ; et en voilà un qui jette son fond de poche au pied de Bell sans prendre le temps de s'arrêter. C'est ce qu'on appelle faire un four.

De la musique en toute chose

Pourquoi est-ce que ces braves gens n'ont pas eu le bon goût de se pétrifier devant ce surgissement de beauté dans leur monotonie ? Le titre provocateur de l'article sous-entend même qu'il est à première vue incompréhensible que ces cochons en viennent à refuser la confiture qui leur est donnée. Weingarten, qui ne comprend pas comment on peut passer devant son génie comme s'il s'agissait d'un fantôme, a alors ce mot dur : « C'est lui qui est réel. Ils sont les fantômes ».

Le problème avec cette expérience (très intéressante au demeurant) est qu'elle ne s'interroge pas un instant sur sa légitimité. Qui le ferait ? Il est absolument *normal* d'avoir de la musique dans un hall de gare. Il est aussi normal d'avoir de la musique dans nos écouteurs dès qu'on se déplace, comme il est normal d'avoir de la musique d'ambiance dans l'open-space ou à l'heure du déjeuner au restaurant, puis encore pendant ses courses ou quand on fait du sport, et pourquoi pas même lors du sommeil, avec des mélopées relaxantes afin que fusionnent Orphée et Morphée. « De la musique en toute chose » disait Boileau. Ses vœux sont exaucés. On fait de la musique pour tout, et rien n'échappe à la musique.

La musique s'est fondue dans le bruit permanent du monde au point d'annihiler le silence. Ce dernier est de moins en moins toléré. Demander à quelqu'un d'éteindre sa musique est perçu comme une agression. La technologie la rend plus omnipotente et inévitable. Il suffit de penser à la nécessaire « transition » imposée progressivement par la numérisa-

tion de la musique. Ou à l'effacement systématique des respirations des chanteurs en post-production. Au point de se retrouver à demander au nom de la musique que le silence se fasse : « Jouez-nous donc toute une partition de silence. Des crescendos de silence, des diminuendos de silence, des vibratos de silence, des pizzicati de silence. Et pour que votre silence soit totalement parfait, allez-vous-en ! » criait Shakespeare dans *Otello*.

Pourtant le silence fait partie de la musique. Le silence est un son qui s'écoute. Tout musicien sait écouter ce vide, ne serait-ce que pour y faire surgir mentalement le son qu'il s'apprête à émettre. On appelle cela en technique vocale « l'écoute intérieure ». L'image du fantôme était donc mal choisie par Weingarten Le violoniste n'était pas un fantôme, il était une coque trop pleine. Trop pleine du bruit omniprésent, de la pollution sonore que nous impose l'époque.

Le silence est la continuation de la musique par d'autres moyens

John Cage, qu'on connaît pour avoir nargué son public en lui jouant une partition entière de silence, disait qu'il n'y a pas de « silence absolu ». Le silence se compose et si on l'écoute bien, il est la continuation de la musique par d'autres moyens. Il s'inscrit tout autant sur une partition qu'une note. Il est alors silence, soupir, demi-soupir. Les mélomanes aiment dire que les silences de Mozart sont aussi beaux que ses notes. Y voir de la pédanterie ou de la provocation est réducteur : le silence n'est pas un cadre dans lequel la musique viendrait se figer comme une toile de maître, il a ses mélodies secrètes.

Celui qui prie ou médite en silence le sait plus que tout autre. « Qui bien chante deux fois prie », aurait dit Saint Augustin. Mais ce n'est en rien contradictoire. Car dans cette optique, le chant sacré n'est pas une version « plus rentable » de la prière, mais la partition de deux portées de prières qui se superposent harmonieusement, celle de la musique intérieure et celle de l'extérieur. C'est toute la magie de ces vibrations contrôlées : la musique permet au silence et au bruit de s'accorder. ●

Par
Camille DALMAS
Journaliste
Rédacteur en chef
Culture de *Limite*

Illustration de
Charlotte GUITARD

LA MUSIQUE UN INSTANT

Henry Purcell, *Music for a while*, 1692 (Z 583)
Morceau composé pour accompagner la pièce
Œdipus de John Dryden et Nathaniel Lee.

La musique un instant,
Trompera tous vos tourments.
Vous vous étonnerez de vos douleurs soulagées,
Et ne daignerez être satisfaits,
Jusqu'à ce qu'Alecto[1] libère les morts
De leurs liens éternels ;
Jusqu'à ce que les serpents tombent de sa tête,
Et le fouet de ses mains.

(1) Alecto est une des trois furies selon Virgile. Ces divinités persécutrices poursuivent sans relâche ceux qui ont commis une faute. Les furies sont souvent représentées, comme Gorgone, avec une chevelure de serpents et affublées de fouets.

Quatre excellents livres sur la Musique
(à lire en silence)

Par Camille DALMAS

Les Cent Ballades, (1402-1410)
Christine de Pisan

En un temps où la musique et la poésie n'étaient jamais éloignées, Christine de Pisan a eu une voix toute singulière (occultée aujourd'hui par la lecture féministe qui est faite de son œuvre) dans le grand ensemble musical qui unissaient princes et trouvères du Moyen-Age. Les longues ballades, rondeaux, lais et virelais de la bâtisseuse de la Cité des Dames font résonner mélodieusement ses amours, malheurs et réflexions.

Le Seigneur des Anneaux, (1954)
J. R. R. Tolkien

Cette nouvelle édition du monument fondateur de la fantaisie épique est l'occasion de redécouvrir la cinquantaine de chansons qui rythment la fameuse aventure de Frodo, le porteur de l'anneau. Dans une nouvelle traduction respectueuse de la versification originelle souhaitée par l'auteur, elles sont les drôles de voix silencieuses du grand choeur des aventuriers de la Terre du Milieu.

Corps et Âme, (1993)
Frank Conroy

New York, les années 40. Claude Rawlings est maintenu à l'écart du monde par une mère excentrique. Dans sa solitude, il trouve un vieux piano et se découvre être un musicien génial. La suite : une magnifique fresque de l'Amérique, une sorte de Grandes espérances dans lesquelles se croisent une aventure initiatrice subtile et la description maîtrisée d'un monde musical en mutation.

L'accompagnatrice, (1934)
Nina Berberova

Ce court roman raconte la vie douloureuse d'une jeune accompagnatrice, Sonia, placée dans l'ombre d'une grande soprano à Saint-Pétersbourg quelques années avant la révolution d'Octobre. Entre espoirs vains et soumission, la jeune femme, pauvre et laide, rêve d'enlever la sourdine qui pèse sur son art.

CRA CRA CRA CRA CRA en sous-sol

Par
Hubert DARBON

Être « souterrain » est devenu une marque, un passeport, un gri-gri obligatoire et douteux sur la scène musicale contemporaine. Certains irréductibles musiciens, comme les dingues de Stupeflip, semblent cependant toujours frappés par le sceau de l'underground comme s'il s'agissait d'une lettre écarlate.

Photo : © D. R

L'*underground* est passé largement dans la lumière, c'est une des mauvaises nouvelles du XXe siècle. Suivant, comme le reste, le processus d'illumination et de transparantisation enthousiaste, les bas-fonds sont devenus un quartier comme les autres. Non pas les bas-fonds géographiques, non pas les ghettos bien réels au pourtour des villes ou dans leur sein, mais ceux de la culture, ceux de la pensée, ceux de la morale. La rébellion moderne n'est plus dirigée que contre elle-même : ceux qui luttent prennent désormais les armes contre l'exclusion qu'ils chérissaient jadis. C'est-à-dire qu'ils cognent sur leur vieille armure et l'écornent, sur leur bouclier, sur ce qui les préservait, à coups répétés – appelant, comme tous les autres, à plus d'acceptation, plus de lumière, plus de médiatisation, plus de compréhension, plus de légalité. Les ennemis n'existent plus, ni la différence, ni l'identité, ni les clans. Il n'y a plus qu'un grand terrain même pas vague.

Si bien qu'on ne sait plus tellement à quoi riment des mots tels que « *rock* », « *punk* », « *thrash* », « *grunge* », qui ont tous, au départ, une signification cradingue, violente ou salace, et qui ne sont plus en 2017 que les étiquettes pâlottes que se collent au front certains bienséants nantis, pour faire comme s'ils existaient en dehors de la plus plate normalité.

Il n'y a qu'à voir comment le mouvement *punk* américain, dans sa presque intégralité, a rallié dans la dernière décennie le camp démocrate (lequel a, lui aussi, renié ses racines). Il n'y a qu'à voir se pavaner les vieux rockeurs et les ex-insortables dans des clips millionnaires et sur les plateaux bien éclairés des talk-shows. Les voir appeler à voter pour tel ou tel membre de l'élite.

Mais il surgit parfois de la rose mélasse une petite étoile rouillée, ou un bruit crissant, quelque chose qui a l'aspect et le goût d'une goguenardise. Une fêlure dans la mélodie, bourrée de satu sur des samples un peu sales. Un truc stupide et stupéfiant. Un truc qui fait *cra cra cra cra cra*. Qui vient de nulle part et te file un coup de barre. Un truc comme Stupeflip.

Loin des guerres de plateaux, des batteries de spots et du canon des micros. Un groupe à demi mythique, dont presque tous les membres sont fictifs, alias de vrais types obscurs paradant sous des masques. Un groupe hybride et hypnotique, dont la gloire à l'envers n'a commencé véritablement qu'après que les majors et la lumière l'ont quitté. Un groupe reconnu, mais rarement compris, sinon par quelques journaleux et, bien sûr, par la bande d'illuminés qui a pris le nom d'ASFH – Association de Stups fanatiques (et si vous vous demandez : pourquoi le H ? eh bien on vous répondra que si on a envie de mettre un H qui ne veut rien dire, on le fait ; c'est ça, le Stup).

La rébellion moderne n'est plus dirigée que contre elle-même : ceux qui luttent prennent désormais les armes contre l'exclusion qu'ils chérissaient jadis

Pour une histoire et une définition claires, il faudra repasser. Version courte : le Crou Stupeflip serait né en 1972, avec pour objectif de « terroriser la population, et par là même instaurer une nouvelle ère, l'ère du Stup ». Son membre le plus connu, King Ju, serait mort en 1982, écrasé par un vélo, mais il est ressuscité et revient pour se venger de tous ceux qui ont été méchants avec lui. Plusieurs ères se sont écoulées depuis, et le virus revient début mars, avec un album entièrement financé et surfinancé par les fanatiques (affectueusement surnommés les Lapins, quand ils ne se font pas insulter par les membres du Crou).

Dans les cris, les envolées délirantes, l'humour à la valdingue de cette formation bizarre, on retrouve par éclats ce qui a fait l'intérêt des scènes cachées de naguère. Quarante ans après *Never Mind the Bollocks* et *London Calling*, Stupeflip fait vibrer encore la rage des punks, en y agglomérant le flow des rappeurs, la jovialité pop et, pour être franc, tout ce qui peut bien lui passer sous la paluche. On pense à Black 47 ou aux Bérus aussi bien qu'à B2oba. Parfois, c'est le disco qui se pointe, et parfois, la variétoche un peu mièvre. Tout est moqué, déboîté, remixé, mais tout y est.

Quant aux textes, ils s'accrochent à tout, bordéliques, grinçants, ironiques ; ils s'accrochent puis lâchent tout, reviennent, se répètent, se répètent, allitèrent et tautophonent, et ça recommence d'un album à l'autre. Anathèmes, assonances et anarchie.

Le Crou qui parle dit parfois des choses légères ; parfois il plonge très profondément et écrase ses mots sur la réalité. Sur le travail, sur la hiérarchie, sur l'amour, sur la vie de couple, sur la musique, sur l'époque. Ça n'est pas toujours très fin, pas toujours très gentil. C'est comme une cour de récré. Et seul un groupe de cour de récré, d'adultes trop petits ou trop libres pour leurs fringues, peut produire d'aussi bouleversants morceaux sur la douleur qu'il y a parfois à être un enfant.

Il n'y a plus d'ennemis, plus de différences, plus d'identités, plus de clans. Mais il y a deux ou trois fous, dans des bas-fonds de plus en plus étroits, qui font encore comme si la chape de chantilly n'avait pas tout recouvert. Ça rassure ? Bof. Mais c'est marrant. ●

Stupeflip, *StupVirus*, 2017

Le rock prog est-il une musique de réac ?

Par Grégoire FERRI

Des morceaux interminables et incompréhensibles joués pendant des heures par des musiciens prétentieux et gratuitement exubérants… Une musique qui n'a jamais su s'adapter au passage du siècle… Les clichés sur le rock prog ont la vie dure. En voudrait-on à ce genre musical d'avoir réussi une véritable révolution musicale sans en partager les bénéfices avec ses héritiers ?

Tout passionné de rock progressif qui essaie de partager son amour pour ce courant méconnu de l'histoire du rock à un néophyte éprouve l'étrange sentiment de déterrer sous ses yeux perplexes des trésors anciens et obscurs. Car tout progressif qu'il soit, le rock prog a en effet connu un long déclin depuis plus de trente ans et perdu tout le rayonnement dont il a joui par le passé. Pourtant, l'héritage du prog n'est pas mort et tout ce qu'il a produit n'est pas tombé dans les oubliettes de l'histoire de la musique. Nombreux sont ceux qui écoutent du rock prog sans le savoir aujourd'hui. Pour preuve : qui n'a jamais entendu parler de Pink Floyd ? Parce que oui, *Shine On you Crazy Diamond*, c'est du prog !

Le genre est apparu à la fin des années 60 et a connu son apogée dans la décennie suivante, avant de décliner inexorablement à la fin des années 70 avec le double avènement du punk et de la disco. Marquant un retour vers une simplicité plus frivole – plus rock' n roll et contestataire pour l'un et plus dansante pour l'autre – le triomphe des énergumènes à crêtes proéminentes et des afros à paillettes a enterré pour de bon une certaine façon d'envisager la création dans le cadre de la musique populaire.

Une musique de « fils de riches » ?

Depuis, malgré l'émergence de quelques succédanés aux qualités variables, le prog s'est essoufflé et périclite aujourd'hui. Si bien que s'il fallait lui apposer le terme le plus adéquat pour traduire son retentissement actuel, on pourrait souscrire volontiers à « confidentiel » ; ou tout du moins considérer qu'il est « élitiste » – pour exaucer ses détracteurs les plus féroces. Ce n'est d'ailleurs pas étonnant qu'on lui affuble de façon récurrente l'estampille « élitiste ». La presse musicale spécialisée – *Rock'n Folk* et *Rolling Stone* en tête – lui voue une aversion sans bornes et s'emploie vivement à brocarder ce pan de l'histoire de la musique. C'est qu'il ne s'agirait tout de même pas d'accorder un quelconque crédit à cette musique « pompeuse », « boursoufflée », qui, d'autant plus, fut jouée par des « fils de riches »…

Il est indéniable que la plupart des musiciens du prog, à la différence des Beatles ou des Rolling Stones, provenaient de « la middle class » britannique et non du milieu ouvrier. Et la critique, pour laquelle l'inexpérience musicale était gage de l'authenticité rock' n roll, devait inéluctablement s'irriter que certains musiciens du prog aient pu étudier au conservatoire. Une recherche approfondie lui aurait révélé qu'à l'instar d'un Keith Richards ou d'un John Lennon, l'initiation musicale dans le prog se fit majoritairement de façon autodidacte ou par transmission orale au sein d'un groupe. Mais les lieux communs perdurent…

« Que Dieu nous préserve du rock progressif »

Ce qui est intéressant de constater par ailleurs, c'est que le rock « pur » que la critique défend a étrangement suivi la même trajectoire que le rock prog ! Mais peu importait, il y avait désormais de nouveaux genres à explorer. Comme s'écriait Damon Albarn, de Blur, Gorillaz ou The Good, The Bad and the Queen, résumant la chose en une brève saillie dédaigneuse : « Que Dieu nous préserve du rock progressif ! »

Pourtant, et quoi qu'il en soit, l'âge du rock prog fut une époque où, fièrement, les parangons du genre atteignaient le pinacle des charts européens sans souffrir la moindre contestation. Emerson/Lake and Palmer, Pink Floyd, Genesis ou Yes étaient, somme toute, les Lady Gaga et Beyoncé des *seventi*es !

Faire de la musique populaire avec les outils de la musique savante

Parce que si cette musique est indéniablement élitiste, elle n'en reste pas moins populaire. Mieux : elle a toujours essayé de faire de la musique populaire avec les outils de la musique savante.

Car au fond qu'est-ce que le prog ? C'est d'abord, nous l'avons dit, un pont entre musique savante et populaire. C'est aussi une remise en question de la pop et de ses formats stéréotypés – ceci se matérialisant par son refus, notamment, de se borner à la création de chansons basées sur la structure : couplet/refrain/couplet. Mais le prog est avant tout un mouvement exprimant l'enthousiasme d'une génération de musiciens dont l'ambition était de produire une musique plus élaborée, plus réfléchie et intellectuelle, et qui, par son syncrétisme inédit, n'hésitait pas à mêler jazz, psychédélisme et classicisme. Que ce soit King Crimson, dont la troisième mouture convoque le minimalisme compassé et mathématique de Steve Reich, que Genesis, avec son symphonisme inspiré de Sibelius et ses atmosphères oniriques héritières

Guide d'écoute

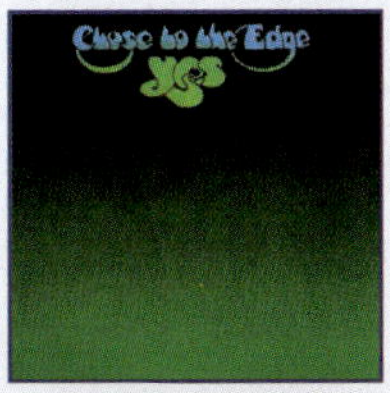

Yes, *Close To The Edge*, 1972

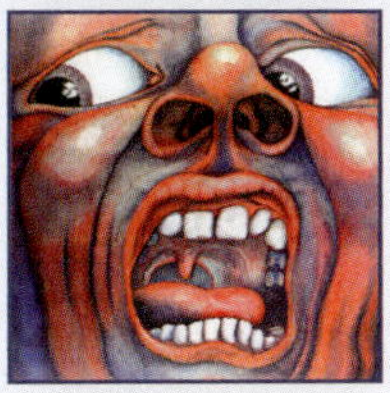

King Crimson, *In The Court Of The Crimson King*, 1969

Genesis, *Selling England By The Pound*, 1973

Pink Floyd, *The Dark Side Of The Moon*, 1973

Jethro Tull, *Thick As A Brick*, 1972

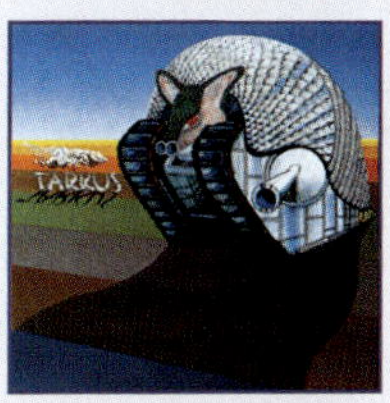

ELP, *Tarkus*, 1971

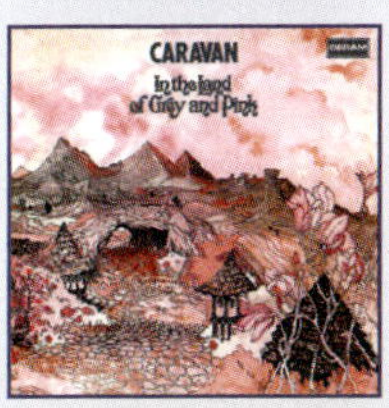

Caravan, *In The Land Of Grey And Pink*, 1971

Camel, *Mirage*, 1972

de Debussy ; ou bien Yes, dont les dissonances rappellent la faconde musicale de Stravinsky, il est difficile de trouver une inspiration commune entre les groupes. Mais ce qui les unit et donne l'originalité à la vague prog est la façon dont ces groupes, au sein de l'émulation créatrice de leur époque, réussirent à intégrer ces influences diverses et complexes à un langage blues ou pop. Cette hybridité est caractéristique.

Autrement dit, en agrégeant les styles, en fusionnant formes modernes et passées, se dessine une esthétique progressiste paradoxale. Non pas celle qui se construit en faisant table rase de tout héritage – et dont une certaine musique contemporaine s'est fait le credo –, mais celle qui, judicieusement, se nourrit des formes qu'elle admire pour offrir une réactualisation moderne, ancrée dans son époque, où se marient à la fois la création et la tradition. En cela les « progueux » souscrivaient inconsciemment à ce rapport à la modernité que Baudelaire développe dans *Le Peintre de la vie moderne* et pour qui le beau unit « invariable » et « relatif ».

Le rock prog : progressif et pas progressiste

Concrètement cette musique respecte une architecture structurelle classique, fruit d'un héritage séculaire – ici principalement symphonique : présence de mouvements joints ou disjoints au sein des compositions, tout en intégrant des caractéristiques propres à leur époque, à travers l'usage de timbres relatifs au développement des nouvelles technologies, – comme le traduit leur recours constant aux synthétiseurs, mais aussi au florilège d'effets sonores qu'ils ont à leur disposition : fuzz, sustain, overdrive etc...

À cette richesse de timbres offerte par le progrès technologique s'ajoutait une instrumentation auparavant inhabituelle dans un groupe de rock : cuivres (saxophone, cornet, trombone), violon – voire flûte traversière ! Ian Anderson, leader de Jethro Tull, en fit un usage révolutionnaire avec sa technique de sursoufflement qu'il agrémentait d'inflexions gutturales, abrasives, pour renforcer la théâtralité de son interprétation. Ses performances live, d'une maîtrise technique irréprochable et d'une excentricité digne d'un troubadour médiéval new age, offraient quelque chose de bien singulier aux spectateurs : une musique dite « sérieuse » était alors interprétée avec la nonchalance et la démesure propre au rock' n roll. Dans un état d'esprit similaire Keith Emerson, du groupe ELP, lui aussi virtuose de son instrument, ne manquait pas d'ingéniosité quand il s'agissait de repousser les limites de l'exubérance : il pouvait escalader son orgue et se lancer dans l'interprétation d'une pièce de Moussorgsksi en le lacérant compulsivement de coups de couteau !

Close to the Edge

L'une des autres caractéristiques fondamentales du prog fut d'articuler la musique autour de fortes influences culturelles. Si les thématiques déboisées dans la musique pop se limitent trop souvent à la passion amoureuse ou à l'expression d'une révolte juvénile, les « progueux » n'hésitent pas à dialoguer avidement avec la tradition littéraire. La génération des années 70 avait notamment une prédilection pour l'univers de Tolkien qui devait constituer un terreau fécond pour illustrer leur désir d'évasion. On puisait également dans l'univers fantastique d'H. P. Lovecraft ou dans celui de William Blake, John Keats ou James Joyce ; ou l'on s'inspirait des spiritualités orientales si chères à la contre-culture. Yes revisite *Siddhartha* d'Hermann Hesse dans sa longue suite *Close to the Edge* durant laquelle il offre une interprétation mystico-religieuse pour le moins apocalyptique. Pink Floyd, dans une démarche plus politique, adapte dans son album *Animals* (1977) la fable de Georges Orwell, composant une lourde plainte sociale à l'encontre de Thatcher et du parti conservateur.

Ces influences sont multiples et riches, peut-être un peu trop à l'époque du libéralisme musical. Le prog paye aujourd'hui son refus d'appauvrir son expérience au nom de la mode et des dernières tendances. Et pour cause : « prog » ne veut pas dire progressiste mais progressif. Et cette progression est voulue comme une dynamique interne, laborieuse et complexe. D'où la nécessité de laisser de la place à cette lente et puissante maturation dans de longues pièces musicales spectaculaires. Le rock prog n'est pas mort, on a paresseusement oublié d'écouter la fin du morceau. ●

Collection ***à la Limite***

RADICALISONS-NOUS !

Gaultier Bès

Préface de Jean-Pierre Raffin

Quand on veut noyer son chien, on l'accuse de la rage. En amalgamant toutes les formes de contestation radicales à l'extrémisme le plus brutal, la société du spectacle neutralise les véritables radicalités : islamistes ou décroissants, tous dans le même sac ! Ce faisant, elle nous empêche de changer d'imaginaire et de structures et organise le statu quo. Dans ce jeu de dupes, le citoyen n'est plus qu'un électeur, la démocratie qu'une grande surface. Et l'alternance étouffe l'alternative.

Ces variations sur la racine reprennent le problème à la base. Face au règne de l'artificiel et du superficiel qui nous plonge dans un monde hors-sol, aseptisé, elles réhabilitent l'enracinement. Face à une globalisation marchande qui menace nos cultures aussi bien que nos conditions d'existence, elles proposent une conversion radicale de nos modes de vie et de pensée. L'enracinement contre l'uberisation, la radicalité contre le désordre établi. Non pas pour revenir en arrière, mais pour continuer à vivre.

Gaultier Bès est co-fondateur de la revue *Limite*. Agrégé de Lettres, il enseigne le Français à Dreux. Il est l'auteur de *Nos Limites, pour une écologie intégrale.*

en librairie le 13 avril

Fabrice Hadjadj

Nos Vies quotidiennes

Fabrice Hadjadj ne fait pas qu'écrire des essais ou des pièces de théâtre. Il aime également raconter des histoires et les mettre en musique. C'était d'ailleurs sa passion de jeunesse, avant que la philosophie et la littérature ne viennent le saisir. Aussi, revenant enfin à ses premières amours, il nous offre ce premier album de chansons où chacun pourra reconnaître le drôle de drame de sa vie quotidienne : du rêve d'une splendide vie antérieure au fait de devenir père, de notre emprisonnement dans le monde de la consommation et des gadgets électroniques à l'amour entre deux êtres impossible à justifier, de l'émerveillement devant les flamants roses à la célébration des toilettes comme dernier lieu de recueillement…

Fabrice Hadjadj accompagne ses mots sur des harmonies influencées par la bossa-nova, la soul et le jazz, avec des mélodies qui vont rester en tête. Entouré d'excellents musiciens en formation acoustique et live, on s'apercevra qu'il ne s'agit pas là du caprice d'un brillant philosophe en pleine crise de la quarantaine, mais de la découverte d'une nouvelle voix dans la chanson française.

sortie le 07 avril